Thaddäus Trolls schwäbische Schimpfwörterei

Thaddäus Trolls schwäbische Schimpfwörterei

Mit 27 Linolschnitten von
Axel Hertenstein

Silberburg-Verlag

Herausgegeben von Eleonore Lindenberg

365 schwäbische Schimpfwörter, auf die Tage des Jahres verteilt (aus einem Fundus von etwa tausend Wörtern jährlich etwas anders komponiert), stehen in Thaddäus Trolls Schwäbischem Schimpfkalender, der im Verlag Langewiesche-Brandt erscheint.

CIP-Kurztitelaufnahme der Deutschen Bibliothek:
Troll, Thaddäus:
[Schwäbische Schimpfwörterei]
Thaddäus Trolls schwäbische Schimpfwörterei / Mit 27 Linolschnitten von Axel Hertenstein. [Hrsg. von Eleonore Lindenberg]. – 1. Aufl. – Stuttgart : Silberburg-Verlag Häussermann, 1987.
ISBN 3-925344-07-1
Vw: Bayer, Hans [wirkl. Name] → Troll, Thaddäus

1. Auflage April 1987.

Reproduktionen: Offsetreproduktion Gerold Schmid, Stuttgart.
Gesamtherstellung: Clausen & Bosse, Leck.
Printed in Germany.
ISBN 3-925344-07-1

A Vorwördle schdadd eme Nachwördle

1971 druckten die »Stuttgarter Nachrichten« täglich Thaddäus Trolls »Schimpfkalender« als eine Sammlung gängiger schwäbischer Vertraulichkeiten mit Erläuterungen zu Herkunft und Bedeutung. Ein Jahr zuvor war das Schimpfsammelsurium erstmals als eine Art Bürokalender erschienen.
Die Idee erwies sich als belebend, widersprach allzu beschränkter Gewohnheit. Man war nicht mehr auf fünf Standardbeschimpfungen angewiesen, für welche einzelne Richter etwa wie beim »Vogelzeigen« schon eine Bußgeldnormhöhe entwikkelt hatten, was für Entladungswörter im Dialekt ungewöhnlich war. Man konnte nun sich des Reichtums bedienen und sich gegenseitig beschreien bis zum Abebben der Affekte oder bis zum befreienden Lachen. Oft genügte auch, daß man sich zurief: Achter August! Zwölfter März! Lehrer ihren Schülern, Angestellte ihren Chefs, Feinde ihren Feinden, Nachbarn ihren Nachbarn und so weiter.
Einige nahmen die Sache natürlich ernst. Es regnete Post in Trolls Briefkasten. Ein Professor der Kunstgeschichte wollte wissen, weshalb sein Geburtstag mit »Rotzbua«, ein junges Mädchen, weshalb der ihre mit »Trambeltier« geschmückt worden war. Eine Opernsängerin wollte das »Saumenschle«, ein Tanzlehrer den »Klob« nicht hinnehmen. Ein Oberrat i. R. aus Rottenburg schrieb gar: »Meinen Geburtstag versahen Sie, der Dichter Thaddäus Troll, der das in einer Krise steckende Schwabenland

mit Hilfe von Porno und Sex auszubeuten versteht, mit dem Wort ›Saichbletz‹! Gott strafe Sie!« Und als ihm dieser Brief keinen Frieden schaffte, noch einmal per Postkarte: »Gott strafe den Schmäher und Ausbeuter unseres Schwabenlandes. Pfui!!!«
Troll selbst schrieb damals: »Ich habe nicht nur Zustimmung, sondern auch Entrüstung geerntet. Die Wörter seien gewöhnlich, derb, pädagogisch bedenklich, nicht bildungsfördernd und für patriotische Schwaben eine Beleidigung.«
Mit Selbstironie hat er zum Beispiel den »Dralle« so erklärt: »Abgeleitet vom nordischen Troll, ist der Trolle, Tralle oder Dralle ein plumper Kerl, ein Kretin, ein Simpel. Er ist zwar ungeschickt und dumm, aber gutmütig und ungefährlich. Kein Schwabe wird in der Bezeichnung ›Du Drallewatsch!‹ eine Beleidigung wittern. Die Gefährtin des Dralle ist die Drull oder Trulla, ein ebenfalls ungeschicktes, auch äußerlich ungeschlachtes Weibsbild.« Troll hat keinen mit Urwut im Bauch oder gar mit kleinkariertem Neid beschimpft. War halt immer die Freude am saftstrotzenden Wort.
Troll: »Nicht nur im Geldausgeben ist der Schwabe sparsam. Auch in der Äußerung von Gefühlen. Er öffnet nicht gern das Portemonnaie. Er schließt auch nicht gern sein Gemüt auf. Es sei denn, er dichtet. Es sei denn, er schimpft. So merkwürdig es klingen mag: Sein Talent zur Lyrik und sein Talent zum Schimpfen schöpfen aus dem gleichen Quell. Aus einer barocken Freude am Sprachschöpferischen. In keinem Dialekt, außer vielleicht im bayrischen, läßt es sich so schön schimpfen, bruddla, zerfa wie im Schwäbischen.«
Und an anderer Stelle: »Der Schwabe schimpft in Dur und dichtet in Moll. Der Ton macht die Musik.«
Troll blieb sich der Angreifbarkeit von Deutungen bewußt, bat seine Leser um Ergänzung, forderte zum Widerspruch. Wer die Gelegenheit nützte, fand den freundlichen Briefpartner.
Selbstverständlich kannte, achtete er das »Schwäbische Wörterbuch« von Hermann Fischer (1851–1920). Gegen krampfhafte

Neubildung hat er sich entschieden gewehrt. Gleichwohl bleibt mundartlicher Bewerfungsvorrat natürlich nicht ewig stehen bei der Zahl 365. Welche zusätzlichen Möglichkeiten ließen sich allein schon im Wortreservoir der Technik finden:

Du Dalla!
Du Kärrazammabadscher!
Du Oifachschdegger!
Du Schleiflaggpinggl!
Du Hilfsdriebl!

Der vorliegenden Sammlung hat die Herausgeberin ein alphabetisches Register beigefügt (Seite 172ff.). Das war nicht ganz einfach. Soll man »a domme Sau« unterm Adjektiv registrieren? Oder müßten nicht überhaupt zunächst die familienbildenden Sau- und Lompa-Oberbegriffe grammatikalische Ordnung stiften?
Leserin und Leser bleiben eingeladen, sich mit ordnender Hand, ordnender Zunge auch, einzumischen.

Helmut Pfisterer

Affadackel

Eine der vielen Abwandlungen des schwäbischen Lieblingsschimpfworts Dackel, das nichts mit der gleichnamigen Hunderasse zu tun hat. Es ist vielleicht von Dagobert abgeleitet, stammt aber wahrscheinlich aus dem Rotwelschen und wird auf jeden Simpel angewandt. Hier ist der Dackel mit dem Affen verheiratet, der ein Symbol der Eitelkeit und des Vorwitzes ist. Affadackel ist eine klangvolle und bildhafte Bezeichnung für einen dreisten Simpel.

Albachener Furz

Eine besonders pikante Zusammenstellung. Albache = altbakken ist ursprünglich vertrocknetes Brot; schließlich ein philisterhafter, altmodischer, »regressiver« Mensch. Man kann auch albache = öde, langweilig daherschwätze.
Der Furz ist im Schwäbischen nicht beleidigend. Dazu spielt er in der Volksmedizin eine viel zu große Rolle. »Jeder Furz isch em Dokter sechs Batze Schad.« Deswegen läßt man ihn als Zeichen des Wohlbefindens oft und gern. »Äll Furz kam ein Huppel, au, das war schön!« schrieb einst ein Klassenkamerad in einem Schulaufsatz über das Schlittenfahren. Ein Furz ist ein kleiner, unbedeutender Mensch. »Zur Hochzeit gehen und nichts schen-

ken ist wie wenn einer brunzt und keinen Furz läßt«, meint eine landläufige Redensart. Also ist der albachene Furz ein unscheinbarer, trockener, fader Mensch von vorgestern, der für Reformen und Experimente nichts übrig hat.

Allmachtsdackel

Die Allmacht kommt als Eigenschaft Gottes aus der Theologensprache. »Gottes Allmacht und ein Bauernstolz sind nicht zu ergründen.« Allmacht-, einem Wort vorgesetzt, bedeutet soviel wie sehr groß, sehr stark. Wenn einer einen Allmachtsballen hat, dann ist er gottsallmächtig schwach auf den Beinen. Ein Allmachtsdackel ist ein Dackel, der in der Dackelhaftigkeit zum Doktor promoviert hat. (Ich kenne sehr viele studierte Allmachtsdackel.) Er rangiert aber hinter dem Halbdackel, dem König aller Dackel.

Allmachtstropf

Der Tropf ist ein bedauernswerter Mensch, ein armer Tropf, eher einfältig und von der Natur gestraft als verwerflich. Das wird er erst durch das Beiwort: elender, miserabler, heilloser, allerweltsliadricher, lausiger, eiskalter Tropf. Der Allmachtstropf ist schon ein arger Tropf, ebenso elend wie schlecht, er »taugt henta ond vorna nix«.

Alte Kramp

Auch Krämp; ein Weib, das ständig zu klagen und zu betteln hat. Kommt von krämpe = ständig jammern, sich beklagen, unzufrieden sein. Wie jener schwäbische Bauer, dem ich nach dem Prachtherbst 1967, da Korn, Wein und Obst wie nie zuvor gediehen, einmal sagte, heuer gäbe es doch wirklich einmal nichts zum Krämpe, und er mir darauf die Antwort gab: »Was moinet Se, wie jammervoll 's Erdreich ausglaugt isch!«

Alte Schell

Eine Schelle ist eine kleine Glocke mit zuweilen schepperndem Klang. Sie wird auch für einen schwäbischen Zungenbrecher gebraucht: »Schellet Se et an sellre Schell, sell Schell schellt et; schellet Se an sellra Schell, sell Schell schellt.« Die Schelle bezeichnet auch ein paariges Organ der männlichen Intimsphäre. Eine Glocke nennt man ein plauderhaftes Mädchen. Eine alte Schell ist aber lediglich ein altes Weib von wenig repräsentativem Äußerem.

Alter Brommer

»Was alt wird, brommt gern.« Ein alter Brommer ist ein mürrischer, nörgelnder alter Brummbär.

Alter Krätteler

Der Krätte ist ein aus Weiden geflochtener Armkorb; ursprünglich war der Krätteler Berufsbezeichnung für den Korbmacher, später ist ein Taugenichts daraus geworden. Es ist allerdings auch möglich, daß der alte Krätteler von grattle abgeleitet ist. »Der ka kaum no grattle« bedeutet, der kann kaum mehr mühsame, gespreizte, täppelnde Schritte machen. In diesem Sinn ist der alte Grattler ein Beispiel seniler Hinfälligkeit, die sich vor allem im Gang manifestiert. Unter einem Grattel versteht man Gespreiztheit, törichten Hochmut. Fischer vermutet in seinem »Schwäbischen Wörterbuch« sehr kühn, daß der Grattel vom lateinischen gradus = Schritt abgeleitet ist.

Alter Sägbock

Der Sägbock ist ein sonst ziemlich nutzloses Gestell, auf dem das Kleinholz gesägt wird. Von einem, der immer Glück hat, sagt man: »Dem kalbt dr Sägbock auf dr Behne.« Sägbock nennt man ein altes, steifes Pferd. Sägbock ist der Spottname für die Straßdorfer bei Gmünd. Ein alter Sägbock ist ein sterricher, widerspenstiger, raunziger alter Mann.

Altschtadtlatsche

Latschen bedeutet schlurfen, die Füße nicht heben. Der Latsche ist ein einfältiges, tölpelhaftes, läppisches Mannsbild. Lätschiges Brot ist weich, nicht ausgebacken; wer verdrossen die Unterlippe hängen läßt, henkt a Lätsch ra. Das Vorwort Altschtadt-bezeichnet die nicht besonders vornehme Gegend, wo der Latsche, Latscher oder die Latschare mit Vorliebe herumlatscht.

Angschtmaier

Kein urschwäbischer Begriff. Blutloses Scheltwort aus dem Honoratiorenschwäbisch, jener Abart, die gebildete Schwaben in der fälschlichen Annahme sprechen, es sei Schriftdeutsch. Maier als häufigster schwäbischer Familienname wird zuweilen, mit einer bezeichnenden Vorsilbe versehen, verallgemeinert: Heulmaier, Gerschtlesmaier. Der Angschtmaier ist ein furchtsamer Mensch, eine Bähmulla. Das Angschtwürschtle ist eine Körperausscheidung, die Mensch und Tier in der Todesangst von sich geben. Von scherzhaften und vor nichts zurückschreckenden Landsleuten wurde es gelegentlich »zum Spaß« zur Metzelsuppe serviert, allerdings auf einem Extrateller. Der Urschwabe wird statt dem Angschtmaier lieber den Begriff Hosenscheißer verwenden.

Arschbackagsicht

Feiner empfindende Naturen seien vor diesem Ausdruck gewarnt. Das anschauliche Wort erklärt sich selbst. Es wird auf einen Menschen angewandt, der ein breites, feistes Gesicht hat. Früher war man weniger feinfühlig. Im »Schwäbisch-Augsburgischen Wörterbuch« ist ein Augsburger Wirtshaus erwähnt, das »Zu den vierzehn Arschbacken« hieß. Als Student in Tübingen hörte ich die Redensart: »Wenn i en Arsch hätt wia du a Gsicht, no tät i mi sogar beim Scheißa schäme.«

Arschkrott

Wenn der Schwabe zärtlich wird, dann nimmt er seine Kosenamen aus Brehms Tierleben, Band »Amphibien und niedere Tierarten«: siaße Krott, goldiger Schneck, mei Fröschle. Eine Krott ist ein aufgewecktes, naseweises junges Mädchen; in der Bezeichnung schwingt Anerkennung mit. Durch die Vorsilbe wird der Begriff zu einer Mixtur aus Anerkennung und Ablehnung. Eine Arschkrott hat dieselben Qualitäten wie die Krott, ist aber mehr als knitz, fast nichtsnutzig.

Babblere

Babble bedeutet unnütz, zeitraubend, monoton, leer daherschwätzen. Plappere oder schnättere gibt den akustischen Eindruck wieder, babble oder bäbbere kennzeichnet den fehlenden Gehalt. Die Babblere ist eine nicht bösartige, aber langweilige Schwätzerin, verwandt mit dem Babbelarsch und dem Babbelmaul. Der männliche Babianus lehnt sich sprachlich vielleicht an den Pavian an.

Babbsack

Babb ist zunächst ein Mehlbrei, schließlich ein Kleister aus Mehl, den man zum Babben = Kleben benützt. »Schwätz kein Babb!« Kommt wohl aus dem Italienischen, wo pappa = Brei ist; vielleicht auch aus dem Kinderlaut Babb abgeleitet. »Nicht mehr papp sagen können.« Wenn nichts mehr in der Schüssel, im Teller ist, sagt man zu kleinen Kindern, es sei babbela. Was babbig ist, ist also weich, von klebriger Konsistenz. Pappet bedeutet

aber auch soviel wie gebrechlich, krank. »Er schtoht do wia a pappeter Jesus.«
Der Sack ist ursprünglich die Tasche (daher das Sacktuch), schließlich der Leib, der Ranzen, und endlich auch das, was daran hängt. Ein Babbsack ist also ein weichlicher, konturloser Mensch zwar männlichen Geschlechts, auf dessen Männlichkeit man indessen wenig Hoffnungen setzen darf.

Bachel

Hinterlassenschaft der römischen Besatzung, von Bacchus abgeleitet, der in Umzügen als dicker Knabe, auf einem Faß sitzend, dargestellt wurde. Der Bachel war ursprünglich ein dickes Kind oder ein dicker Kerl, der gern einen hob. »So dick wie Bachel aufm Faß« lesen wir bei Michael Buck (1832–1888). Heute ist der Bachel ein Dummkopf, ein kindischer Erwachsener, ein Simpel. Es gibt auch weibliche Bacheln (siehe »Gscheckete Bachel«).

Bähmulla

Das Mulle ist ursprünglich die Katze. Man versteht darunter aber auch eine empfindliche, weiche Person. Eine Bähmulla ist ein furchtsames, zimperliches Wesen.

Bämpele

Bampe ist das gleiche, nur feiner ausgedrückt, wie scheißen, oft auf kleine Kinder angewandt. Ein Bämpele kann zärtlich oder herabsetzend für ein dickes kleines Kind gebraucht werden. Eine Abart ist das Kaffeebämpele, eine städtische Kaffeetante, die Honoratiorenschwäbisch spricht. In einem Gedicht auf Stuttgart tut ein ländlicher Dichter seinen Unwillen über die Stuttgarterinnen kund: »Gang mer weg mit Sammetschüahle, gang mer weg mit Bändele, Bauramädle send mer liaber wia so Kaffeebämpele.« Fürwahr eine gesunde Erkenntnis, in einen kühnen Reim gekleidet!

Bätschweschter

Leicht kann man die Konfession des Schwaben an seiner Aussprache erkennen. Der katholische Leehrer beetet um den Seegen Gottes, während der evangelische Lährer um den Sägen Gottes bätet. Woher diese protestantische Sprachunart kommt, weiß ich nicht, vermute aber, die sächsischen Prediger haben sie mitgebracht, die nach der Reformation zur Stärkung des Glaubens ins Ländle gekommen sind. Eine Schwester ist eigentlich eine Nonne, eine Bätschweschter jedoch, wie das Ä beweist, evangelischer Konfession, also eine jener Landsmänninnen, denen man vorwirft, anstrengenderes aktives Christentum über Monologen an den HErrn zu vernachlässigen. Der Volksmund hält nicht allzuviel davon: »Jonge Hur, alte Bätschweschter.« Weniger bekannt ist die Umkehrung: »Jonge Bätschweschter, alte Hur.«

Balla

Der Balle ist ein dummer, ungeschickter, dicker, willenloser Mensch, auch Walle genannt. Nicht zu verwechseln mit jenem Balla (wobei das Schluß-A nur leicht angedeutet wird), mit dem man einen ziemlich bodenziehenden Rausch bezeichnet. Der Balla mit langem Schluß-A ist in Tübingen entstanden und wurde von dort exportiert, vor allem als Anrede: »Du Balla!« Freundlich gemeint, etwa: »Du Dummkopf, du Dommerle!« Verwandt mit dem schweizerischen Balali.

Balure

Der Balure ist ein fast unbekanntes Juwel in unserer Sammlung. Dieser Schimpfname hat zwar nicht die Gesellschaft, jedoch indirekt das Stuttgarter Stadtbild verändert. Vor Jahrzehnten nämlich bereitete sich ein Stuttgarter Gymnasiast auf die ersehnte Laufbahn eines Pfarrers vor. Er stand kurz vor dem Landexamen, der Aufnahmeprüfung für eines der vier evangelisch-theologischen Seminare. Sein Ziel war das Stift, das evangelische Studentenwohn- und Studienheim in Tübingen, in dem einst Schelling, Hegel und Hölderlin Freundschaft geschlossen haben. Als sich der Gymnasiast jedoch für eine Physikstunde nur mangelhaft vorbereitet hatte und das Gesetz von der Erhaltung der Energie erklären sollte, fing er an zu schwafeln. Da sagte sein Physiklehrer (er stammte aus der Gegend von Balingen) zu ihm: »Bua, was balurscht du au drher, du bisch a rechter Balure!« Den Schüler beschäftigte dieser Ausdruck sehr, er wollte seinen Lehrer am anderen Tag nach der Bedeutung dieses Wortes fragen, der aber war krank geworden, blieb lange Zeit beurlaubt und starb nach einem Vierteljahr, nahm also die Bedeutung des Worts Balure mit ins Grab. Der Schüler nahm es sich so zu Herzen,

daß er sich einredete, ein Balure sei niemals würdig, eine Kanzel zu besteigen. Er verzichtete auf Landexamen, Seminar und Stift. Heute ist er ein bekannter Architekt und Inhaber eines Lehrstuhls. Hätte ihn der Lehrer nicht mit dem Balure belegt, er wäre sicher ein berühmt-berüchtigter Prediger geworden, und Stuttgart erfreute sich nicht seines Kleinen Schloßplatzes. Ich vermute hinter dem Wort Balure so etwas wie einen Schwafler, einen unüberlegt daherredenden Menschen.

Thaddäus Trolls Kollege Friedrich Hagen aus Paris konnte Herkunft und Bedeutung erklären. »Balourd« bedeute im Französischen: dummer Mensch, Trottel. Thaddäus Troll: »Der Balinger Balure ist also eines der zahllosen Schimpfwörter, die uns die Franzosen bei ihren häufigen militärischen Besuchen im Ländle hinterlassen haben.«

Bampel

Der Bampel ist ein Tölpel, die Bampel ein dickes Weibsbild. Das Bämpele, der Bomps, die Bompel oder Bumpel sind mit dem oder der Bampel verwandt.

Bauradaindel

Das Wort Daindel, Dundel oder Dondel changiert nicht nur in der Aussprache, sondern auch in der Bedeutung. Es wird hier als Schmeichelwort, dort als Schimpfwort benützt. In Esslingen ist das Daindel dick und dumm, in Ellwangen ist es verliebt. Man kann es hier auf die Geliebte, dort auf eine Dirne anwenden. Sprachlich ist es mit dem bayrischen Dirndl verwandt. Das Bauradaindel ist also entweder ein dummes und dickes oder ein

liebes und zärtliches oder ein gleichgültiges und lasterhaftes Menschle von ländlicher Herkunft.

Bauradralle

Der Tralle oder Dralle kommt vom nordischen Troll = Waldschrat, der bei uns zum Kretin, zum Simpel geworden ist (siehe auch Dralle). Die Vorsilbe Baura- verrät bäuerliche Herkunft, grobes Wesen. Der Bauradralle ist ein Simpel von ländlicher Herkunft und wird eher mitleidig als beschimpfend angewendet.

Bauraklob

Der Kloba ist ursprünglich ein Haken zum Klemmen oder Festhalten, auch ein dicker, großer Nagel heißt so. Kloben sind auch Gegenstände von plumper Form; die Pfeife, die mit dem Ausdruck Kloba belegt wird, stammt sicher nicht von Dunhill. Auf Personen übertragen: Der Klob ist ein ungefälliger, grober Mensch. »Philippi und Jakobi send au Klobe« heißt: Am 3. Mai, dem Namenstag dieser Märtyrer, kann es noch gefrieren. Die verstärkte Bezeichnung Bauraklob wird auf einen ländlichen, plumpen Grobian angewendet. Man findet ihn in Stuttgart seltener in den Wohngebieten des Killesbergs oder auf der Gänsheide, eher in Heslach, Gablenberg oder Botnang. Solche aus Tailfingen oder Onstmettingen sind oft noch stolz darauf, Kloben zu sein.

Bauraluader

Luader = Aas: eine durchtriebene, schlaue, schlechte Person weiblichen Geschlechts. Das Bauraluader ist ländlicher Herkunft und läßt deshalb auch noch alle feinen Manieren vermissen.

Bauratrampel

Obwohl der Schwabe häufig bäuerlich reagiert und empfindet, rügt er das Bäurische als ungehobelt. »Da Baura rauslau« bedeutet: sich unfein benehmen. Eine Trampel ist eine dicke, plumpe Weibsperson mit stampfendem, zermalmendem Gang. Also ist eine Bauratrampel ein ungeschlachtes Weibsbild, das sich nicht zu benehmen weiß.
Justinus Kerner (1786–1862) nannte eine Freundin in hegelianischem Widerspruch seine »Anmutstrampel«. Mit Trampele bezeichnet man ein munteres kleines Kind. Bei der Geburt des Kronprinzen Karl im Jahr 1823 hing eine Stuttgarterin in der Eberhardstraße ein Transparent aus, auf dem sie sich selbst als Trampel bekannte:

Ich alte Trampel
Henk au naus mei Ampel
Dem Kronprinz zu Ehren
Wer will es mir wehren?

Baurazipfel

Von der Zipfelkappe abgeleitet, welche die Bauern sogar unterm Hut trugen, die auch als Nachtbekleidung diente und die ihren Träger einfältig und verschlafen erscheinen ließ (siehe auch Zipfelpeter). Ein Baurazipfel ist ein ländlicher Einfaltspinsel.

Beck

Der Bäcker, schwäbisch Beck oder Becke, hieß früher Pfister, ein ausgestorbenes Wort, das sich nur noch in Familiennamen erhalten hat. Das Bäckerhandwerk ist verhältnismäßig jung, weil das Brotbacken lange Zeit zur Haushaltführung gehörte. Deshalb ist auch der Familienname Beck seltener als der von älteren Berufen abgeleitete Schmied oder Müller. Dem Bäcker sagte man nach, er sei behaglich, faul, ofennah. Zum Bäckerexamen, neckte man die Brothersteller, gehöre die Bedingung, eine Viertelstunde zum Fenster hinauszugucken und dabei nichts zu denken. Schlimmer noch, man hatte den Becken im Verdacht, daß er schnell reich und damit protzig werde, weil er das Brot und die Brötchen (schwäbisch Wecken) zu klein mache. »Wenn dr Beck a Schuaster wär, wäret älle Schuah z'klei.« Als Schimpfwort wendet man Beck auf einen geistig nicht gerade regen und aufgeschlossenen Menschen an. Ein Spottgedicht über Stuttgart beginnt mit dem Vorwurf: »O du große Stadt der Becken, o du große Beckenstadt.«

Bettbronzer

Schimpfwort für einen sehr jungen Mann, der das Wasser noch nicht, oder einen sehr alten Mann, der das Wasser nicht mehr halten kann. Gleichbedeutend mit dem etwas derberen Bettsaicher, mit dem man auch die Blüte des Löwenzahns oder ein Gerstenkorn am Auge bezeichnet.

Bettelbua

Bettel ist bei Schwaben doppelt anstößig, als Handlung und als Gesinnung. Denn wer bettelt, versucht dem anderen etwas wegzunehmen, und das widerspricht der schwäbischen Erkenntnis: »Was i hergei, hoan i nemme« (für Reigschmeckte: »Was ich hergebe, habe ich nicht mehr«). Gibt man einem Bettler nichts, so hat man ein schlechtes Gewissen ob der ungetanen guten Tat, und ein schlechtes Gewissen löst bekanntlich Aggressionen gegen den Urheber aus. Zudem ist der Bettler gesonnen, auf Kosten anderer zu leben, was schwäbischer Lebensart heftig widerspricht. In einem Punkt sind wir Schwaben mehr Calvinisten als Lutheraner: Wir betrachten den Wohlstand gern als persönliche Gnade Gottes, denn Gott zahlt bar, aber »au dr Deifel scheißt bloß auf dungte Äcker«. Ein Bettelbua ist also Gott nicht wohlgefällig, als Habenichts schon an sich nichtsnützig und als Habenwoller für den Nächsten lästig. Die Redensart aus der Gmünder Gegend »Mit de Bettelbuabe ond mit de Haierle wird d'Höll pflästert« ist indessen sehr kühn: Haierle (Herrle) sind nämlich katholische Pfarrer.

Betteldutt

Alles, was mit Betteln zusammenhängt, also nach seinem Geld trachtet, ist dem Schwaben zuwider. »Elends Bettelpack!« Denn um etwas zu sein, hat man etwas zu haben. Die Dutt ist der Mittelpunkt des äußersten Herzens: »Ein Mädchen ohne Dutten ist keinen Heller wert.« Zunächst Bezeichnung für das Mieder, den Brustlatz und ihre Nachfolger, den Büstenhalter, »die Dittle«. »Sonndichdittle« hieß die Bezeichnung für feiertägliche Stützen und Verhüllungen weiblicher Oberweiten. In manchen Gegenden bedeutet duttle schmeicheln; wie entlarvend, an welchen Stellen dort gern geschmust wird. Eine Betteldutt oder Beddeldudde ist ein Lumpenmensch, ein armes und schlechtes Weibsbild.

Bettelsack

Bettelei gilt unter Schwaben als besonders lästig. Der Schwabe ist zu stolz, um zu betteln. Vor Jahren stritten sich zwei Schwäger vor Gericht: Jeder wollte, daß die Schwiegermutter bei ihm wohne. Denn sie war eine geschickte Bettlerin, die jeden Tag ihren Fuffziger mit nach Hause brachte. Der Vorfall spielte sich allerdings nicht unter Landsleuten, sondern unter Zigeunern ab. Der Schwabe haßt Bettelei, es verdrießt ihn, etwas hergeben zu sollen, und wenn er einem Bettler nichts gibt, so fürchtet er, daß es sich auf dem himmlischen Konto als Lastschrift niederschlägt. Der Bettelsack ist der personifizierte Sack des Bettlers. »Dr Bettelsack secht nia: I han gnuag.« »Im Bettelsack steckt der Teufel«, meint der Volksmund. Bettelsack ist ursprünglich von den lästigen Bettelmönchen abgeleitet; das Wort wird aber auch auf einen kleinen Plaggeist angewendet, der immerfort um etwas bittet.

Bettherrgott

Dieses Wort wird mehr geringschätzig, abwertend, als scheltend gebraucht. Man bezeichnet in der Sigmaringer Gegend damit ein schwächliches Kind, das oft bettlägerig ist und von dem man daher vermutet, daß es zeitlich nicht mehr allzu weit zu unserem Herrgott hat.

Bettwanz

Zählt nicht etwa zum Ungeziefer, sondern zum Ziefer, worunter der Bauer sein Federvieh und seine Kinder versteht. »A Bettwanz vom e Mädle« ist eine wuselige junge Person weiblichen Geschlechts, die ihr Vergnügen in ihrem Lieblings-Möbelstück bereitwillig mit männlichen Wesen teilt.

Biarschtle

Der Burscht oder Borscht ist ein junger Kerle; wird er zum Biarschtle, so hat er es schon dick hinter den Ohren, hat er einen Stich ins Liederliche. »Du bisch a Biarschtle, wenn mer dir d'Stubatür net aufmacht, scheißt du nei«, argwöhnt Michael Buck (1832–1888). Ironisch wird der Ausdruck »a saubers Biarschtle« auf ein sauberes Früchtle angewendet, das sich durch Jugend und Unverfrorenheit auszeichnet.

Bleeder Gischpel

Blöd hat viele Bedeutungen: von fadenscheinig (bei Stoffen) bis zu geistig oder körperlich mangelhaft. Der Gispel (verwandt mit Gipfel) ist ursprünglich der Wipfel eines Baumes, auf einen Menschen angewandt aber ein überspannter Windmacher, ein hoffärtiger, wankelmütiger, flatterhafter, aufgeregter Denger. Der Gispel ist nie dick, sondern dünn. Der bleede Gischpel ist ein dummer, eingebildeter, exaltierter, zappeliger Geck.

Blendschleich

In der Reutlinger Gegend Bezeichnung für einen leisen Wind, der einem entschlüpft und der sich nur im Gschmäckle bemerkbar macht. In übertragenem Sinn Bezeichnung für einen Schleicher, einen Leisetreter, einen Duckmäuser.

Blitz

Blitz ist ein Ausdruck, der mehr Bewunderung als Herabsetzung enthält. Ein Blitz ist ein Kerle, bei dessen Anblick oder zu dessen Taten man »Potz Blitz!« sagen möchte. Der Unterländer heißt in Oberschwaben so. Einer der Sieben Schwaben war der Blitzschwab, der so hieß, weil er so oft »Potz Blitz!« sagte. Herabgesetzt wird der Blitz erst durch den Zusatz »wurmiger« Blitz (eine besonders schöne Zusammensetzung) oder »dommer« Blitz: ein Mann, dessen Fähigkeit zu blitzenden Einfällen von der Unfähigkeit gelähmt wird, Erfahrungen auszuwerten. Viel dümmer als ein dommer Blitz ist einer, der blitzdomm ist. Als Vorsilbe verstärkt der Blitz: Man muß schon blitzblau (volltrunken) sein, um einem blitzhäßlichen (schwäbisch besser: blitzwiaschden) Mädle einen Antrag zu machen.

Blonza

Eine Blunze ist ursprünglich eine Schweinswurst, aus Blut und Speck hergestellt, ein nicht gerade kostbares, aber gutes Nebenprodukt der Metzelsupp. Im Gegensatz zur Griebenwurst, deren Inhalt der gleiche ist, wird sie in den Dickdarm des Schweins oder in einen Schweinemagen gefüllt, hat also eine kugelige Form. Aufblähen = blunsen. Die Blonza ist eine unförmig dicke Nase; personifiziert ein dicker, kleiner Mensch.

Blutzger

Das oberschwäbische Verbum blutzgen ist onomatopoetisch, lautmalend: Es bedeutet soviel wie blöken, plärren. Der Blutzger ist ein Mannsbild, das fortwährend schimpft; seine Tonlage ist tief, er schimpft im Baß, während der Gilfer es im Diskant tut. Man kann aber auch einen Blutzger von sich geben. Tut man es mit dem Mund, so ist es ein Rülpser. Sitzt der Blutzger so tief, daß er sich einen näheren Ausgang sucht, so wird er zum Furz.

Bobbel

Zunächst ist ein Bobbel ein Knäuel Wolle, Garn oder Schnur. »Du Bobbel« ist die freundliche Anrede an einen geistig unterentwickelten Menschen. Die Gmünder heißen Poppel. Der

Poppel ist wohl die eingeschwäbelte Form der Vornamen Jakob oder Baptist. Das Poppele ist ein Kobold, der zum Beispiel auf dem Hohenkrähen umgeht. In den »Königsegger Hexenakten« ist der Poppele der Name des Teufels.

Bolla

Ein Bolla ist ein Schmutzklumpen; man bezeichnet damit auch runde Exkremente (Roßbolla, Schafbolla). Eine Bolla ist ein schmutziger Mensch. Wird gesteigert zur Bollasau. Ein kleines, dickes Kind nennt man zärtlich Bollele. Der Bollahammel und der Bollagrind (Dickkopf) gehören auch in diese Familie. Verwandt mit der englischen bowl (Kugel) und der italienischen cipolla (Zwiebel). In Reutlingen hießen die Weingärtner Bollahengscht oder Bollahopser.

Bombel

Auch Bumpel oder Bumpfel: eine große Kartoffel, ein Faß, aber auch – man hört es schon im Wortklang – ein dickes, geistig nicht gerade regsames Weibsbild; zuweilen auch Bezeichnung für deren weiblichstes Attribut.

Bomberle

Das Bomberle ist keine Metapher für einen kleinen Bomber aus Soho, wie man in der Sportsprache seine boxenden Lieblinge nennt. Das Bomberle oder Bempferle wird eher zärtlich angewendet auf ein dickes Kind weiblichen Geschlechts. Davon abgeleitet ist das Kaffeebembele oder -bämpele, ein städtisches Frauenzimmer, das beim Kaffee oder im Café Genuß und Unterhaltung sucht (siehe auch Bämpele).

Botsche

Der Botsche ist im Oberschwäbischen ein ungeschickter, einfältiger Halbsimpel; er kann gutmütig und langsam, aber auch flegelhaft und grob sein. Er hat nichts mit der Batschere = Schwätzerin und nichts mit der Botschel, dem weiblichen Schwein, zu tun.

Botzel

Botzel, Botschel oder Butschel sind Bezeichnungen für das Schwein. Der schwäbische Dialekt kann mit ein und demselben Wort schmähen und schmeicheln. Die Botzel ist eine unreinliche Person. Manchmal sagt man den Ausdruck auch zu einer ungeschickten Person, die das Schulheft mit Tinte oder das Tischtuch mit Sauce verbotzelt. Dagegen ist das Butzele ein Kosewort für ein kleines Kind.

Bradeler

Bradel ist breites Geschwätz, viel Lärm um nichts. Der Bradeler, besser: Bredeler (die drei langweiligen e-Vokale sind lautmalend!), ist ein fader Schwätzer. Das Wort ist auch in der

Schweiz gebräuchlich. Ausplaudern heißt auch brädle. Der dem Bredeler verwandte Brädler ist ein Klatschmaul.

Brägler

Brägle bedeutet: Schmalz knisternd auf kleinem Feuer sieden lassen. Lautmalend, onomatopoetisch, man hört im Wortklang das knisternde Geräusch. Auf dem Land gibt es noch brägelte Spätzla. »Heut isch's so heiß, daß mr a Hex uffm Fenstersems brägla kennt.« Brägle bedeutet aber auch umständlich reden, daherschwätzen, nörgeln. Der Brägler ist ein alter, vor sich hin schimpfender Nörgler.

Brettlesbohrer

Bohren tut einer, der unablässig über etwas nachdenkt. Der Brettlesbohrer bohrt meist harte, dicke Brittla, er strengt sich beim Nachdenken an und macht es sich nicht leicht. »Jeder Mensch muß ein hartes Brettle bohre, bohrt er's net in der Jugend, muß er's im Alter bohre.« Was bedeutet: Dem Menschen bleibt nichts erspart.

Brommhommeler

Brommhommeler heißt lautmalend die Hummel. In Holland bezeichnet man das Moped ebenso lautmalend als »Brommfietse«. Der Brommhommeler ist, auf den Menschen übertragen, ein brummiger Kerl, ein Brummbär.

Brosampicker

Wer Brosamen pickt wie ein Spatz, der ist sparsam, pedantisch, geizig. Die Sauggarter (bei Riedlingen) heißen so, die Achsheimer (bei Augsburg) nennt man Bröselespicker. Es ist zu vermuten, daß die Gemeindekassen beider Ortschaften stimmen.

Bruddler

Bruddle kommt von brodeln. Mit Brudelwäsch bezeichnete man in Ulm eine kleine Wäsche, die auf dem Küchenherd neben dem Sauerkraut leise vor sich hin brodelte. Ein Bruddler ist ein Mann, der das gleiche tut, bloß nicht auf dem Herd. »Der bruddelt wia a siadiger Grombierehafe« beschreibt bildhaft einen widerwärtigen Brummer, der seine Unzufriedenheit halblaut, aber fortwährend äußert. Ein alter Bruddler ist entweder alt an Jahren; wenn er das nicht ist, dann ist seine Bruddelei eine alte Angewohnheit.

Butzabua

Der Butzen ist wertloser Abfall, meist vom Obst, zum Beispiel der Apfelbutzen. Auch der verbrannte Docht an der Kerze oder in der Erdölfunzel hieß Butzen, ebenso eine große Schneeflocke. Butzen ist wahrhaft ein vieldeutiges Wort, anzuwenden auf vertrockneten Nasenschleim = Rotz, auf den Steiß des Geflügels (auch Bürzel), den Eiterpfropf eines Geschwürs, schließlich auch noch auf eine verborgene Krankheitsursache. Wahrscheinlich davon abgeleitet ist der Butzabua ein Heuchler, ein Duckmäuser. Ottilie Wildermuth (1817–1877) fürchtet: »Es läßt den

Mannen gern einen Butzen zurück, wenn sie um eine frühere Liebe der Frau wissen.« Ha no, heut nemme! Da hätte ja mancher Mann eine ganze Butzensammlung.

Butzamäckeler

Der Butzen ist – siehe Butzabua – wertloser Abfall, meist vom Obst. Eine gesellschaftliche Erkenntnis des Volkes aus der Feudalzeit heißt: »Dia Herre häbet de Nutze ond mir de Butze.« Für den Pietisten Johann Albrecht Bengel (1687–1752) wurde »der Butzen der Sterblichkeit« durch die Macht des Gebets getilgt. Die Cannstatter Oberrealschule zeichnete sich in den zwanziger Jahren durch eine besonders hohe Zahl origineller Lehrertypen aus (zum Beispiel Straff und Göttersohn). Einer von ihnen, »dr Herr Lährer«, wie er sich selbst titulierte, pflegte einen Butzamäckeler (eingetrockneten Nasenschleim) aus der Nase zu grubeln und in die Klasse auf einen Abstiegsgefährdeten zu schnipsen mit den Worten: »Wen's trifft, fällt durch. Und wen trifft's am Ende? Die lieben Eltern.« Übertragen wird der Begriff Butzamäckeler auf einen Teufel, Kobold, den Pelzmärte, eine Vogelscheuche angewandt, also auf alles, was vermummt oder unheimlich daherkommt. Im Alltagsgebrauch versteht man unter dem Schimpfwort einen unordentlichen, schlampigen, schmutzigen Mann.

Chrischtkendle

So nennt man das Geschenk am Heiligen Abend. Man sagt auch: »Du kriegsch heuer nix zum Chrischtkendle!« Auf eine Person angewendet, bedeutet jedoch das Chrischtkendle ein zartes, verweichlichtes, meist junges Geschöpf: »Du bisch aber a args Chrischtkendle!«

Dabbs

Der Dabbs däbbelt, er geht mit kurzen, sanften Schritten. Er ist dabbed oder dabbig, hat eine plumpe, ungeschickte Art des Zugreifens oder Auftretens. »Tappten nach ihren Röcken«, heißt es in Schillers »Räubern«. An einem Weibsbild herumdappen bedeutet, sie unanständig, aber ungekonnt, also unerwünscht berühren. Der Dabbs ist ein ungeschickter Tölpel.

Dackele

Freundlichstes Glied in der Familie der Dackel. Kind, das net recht bache, nicht recht gebacken ist. »Se habet siebe Kender, ois drvo isch a Dackele.« Der Dackel hat nichts mit dem gleichnamigen Hund zu tun, Dackel bedeutet ungefähr soviel wie Simpel. Es ist ein typisch schwäbisches Schimpfwort, vielleicht von Dagobert abgeleitet, wahrscheinlich aber aus dem Rotwelschen, der Gaunersprache, stammend. Dackelhaft bedeutet ungefähr soviel wie töricht, kann aber auch als Steigerung gebraucht werden: »I hab dackelhaft geschwitzt.«

Däbbeler

Däbble ist trippeln. »Der däbbelet rom wia a Kauter.« Ein Kauter ist ein Täuberich. Wer aus Altersgründen kurze, zaghafte Schritte macht, ist ein Däbbeler.

Dagdiab

Schwäbische Form des schriftdeutschen Tagediebs. Faulenzer, der unserem Herrgott den Tag stiehlt. »Der Aufschieb ist ein Tagdieb.« Dagdieben nennt man auf baslerdütsch die Tätigkeit der Untätigkeit. Noch schlimmer als der Dagdiab ist der Dagrauber, den wir bei Sebastian Franck (1499-1542) finden. Dieser Landsmann ist in Donauwörth geboren und schrieb die erste Weltgeschichte in deutscher Sprache, in der er für seine Zeit recht freisinnige Ansichten vertrat. Er war erst Priester, nahm während der Reformation den neuen Glauben an, verurteilte aber bald dessen Auswüchse, verlor auf Erasmus' Betreiben hin seinen Lehrstuhl in Straßburg und lebte fortan als Seifensieder in Esslingen.

Daube Mischte

Die Mischte heißt auf hochdeutsch Dunglege. Der Misthaufen war früher der Gradmesser für bäuerlichen Wohlstand: »Wo die gröscht Mischte isch, isch au 's gröscht Sach.« Sach ist der Sammelbegriff für Besitz. Man heiratete früher nicht ein Mädchen, sondern ihr Sach, heiratete also »auf d'Mischte«. Auch bei der Wahl spielte die Mischte eine Rolle: »Ma wählt d'Gmoinderät noch dr gröscht Mischte.« Ein Mitbürger, der einen Arzt einen

»Misthaufen« nannte, wurde zu einer Geldstrafe wegen Beleidigung verurteilt. Hätte er »daube Mischte« zu ihm gesagt, wäre er sicher ungeschoren davongekommen. Eine Mischte kann man schon auf einem ungeordneten Schreibtisch finden. Eine faule, dreckige Mischte ist ein träges, unreinliches Weibsbild. Daub ist gleichbedeutend mit hohl, einfältig. Eine daube Mischte ist also ein unorigineller, temperamentloser Langweiler.

Daube Nuß

Taub ist im Schwäbischen weniger einer, der nicht hören kann. Dem Dauben mangelt es eher an geistigen Gaben, er ist daubsüchtig, hinter der Stirn ziemlich hohl. Eine Supp schmeckt daub, wenn sie ungesalzen, ungewürzt ist. Die Taubnessel ist im Vergleich zur Brennessel unwirksam. Daub bedeutet aber auch soviel wie unfruchtbar: »Moos ond Laub machet d'Äcker daub.« Eine daube Nuß ist eine hohle Nuß, eine Schale ohne Kern, auf einen Menschen übertragen: ein Kopf ohne Grips.

Deifelsbrota

Kerniger: Duiflsbrota. Durchtriebener Kerle. Kann auch anerkennend gebraucht werden: »Des isch a reachter Duiflsbrota!« Einer, dem alles geschickt von der Hand geht. Ein Brätle ist ein durchtriebener Schelm.

Deifelsmändle

Wie in vielen schwäbischen Schimpfwörtern schwingt in diesem Begriff Respekt mit. Ähnlich dem Teufelskerle ist das Deifelsmändle oder Deifelsmôle listig, durchtrieben, vif. Es ist zwar nicht groß, aber seine Kleinheit wird durch seine Fixigkeit ausgeglichen. Obwohl äußerlich unscheinbar, ist es hell und umtriebig.

Deifelsweib

Das Wort ist doppeldeutig. Einmal beschimpft es ein teufelhaftiges Weib, einen Satansbraten, eine böse Frau. Aber es anerkennt auch. Wie der Deifelskerle ein verteufelt gschickter Kerle ist, so kann auch das Deifelsweib auf eine geschickte Frau angewendet werden, die in jeder Situation ihren Mann steht. An der Betonung im Satzzusammenhang erkennt der Schwabe, ob das Deifelsweib anerkennend oder herabsetzend gemeint ist.

Dembeler

Der Dembeler ist ein älterer Verwandter des Damper = Einfaltspinsel und des Dampes = Tölpel. Ein Dambes oder Dämbes ist ein leichter Rausch, ein Räuschle, im Unterschied zum massiven Balla kaum bemerkbar. Der Dembeler ist anwendbar auf einen tapsigen, vorsichtig in kleinen Schritten Fuß vor Fuß setzenden alten Mann, dessen geringe Körperkräfte seinen Geisteskräften entsprechen. »Koin dommere Dembeler haun i mei Leabdag net gseah«, sagt man auf der Münsinger Alb.

Dewedele

Ist das Wedele trotz dem sächlichen Geschlecht eine stolz daherkommende, schwänzelnde Weibsperson, so ist das Dewedele ein kindisches, läppisches Weibsbild. Das Wort ist selten, es kommt aus der Gegend von Ehingen. Abgeleitet von Wedel = Schwanz, jämmerlicher Mensch; vergleiche im Hochdeutschen den Trauerwedel.

Dibbele

Dem Dippel oder Duppel begegnen wir öfter. Wer schwankend und unsicher geht, der duppelt. Das Dibbele ist eine mitfühlende Bezeichnung für ein schwachsinniges Kind.

Dilledälle

Der Dilledälle ist doppelt genäht. Schon der Dille genügte. In der Ravensburger Gegend bezeichnet man damit einen läppischen Kerle. Der Dilledälle kann sowohl läppisch wie ungehobelt sein. Er gehört zu den feineren schwäbischen Schimpfwörtern und ist verwandt mit dem Dilledeile, der unbeholfen und kleinlich ist, und mit dem Dilladelli, einer besonders klangvollen Abart, den wir bei dem Dialektdichter und -forscher Michael Buck (1832–1888) als einen in der Riedlinger Gegend angesiedelten Dummkopf finden.

Dilledapp

Der Dille ist ungeschickt und läppisch, der Dapp ungehobelt und täppisch. Der Dilledapp zeichnet sich durch grobe und unerwünschte Zärtlichkeiten aus. »Der hot se so gern wie dr Dilledapp sei Weib, der hot se mit dr Mischtgabel z'Tod kutzelt.« Verwandt mit dem Dilledapp ist der Dillmann, der einen albernen Menschen bezeichnet, indessen nichts mit dem Stuttgarter Dillmann-Gymnasium zu tun hat.

Dipfler

Ein kleiner Punkt ist ein Dipfele. Von einem ganz und gar harmlosen Menschen sagt sagt man, er häbe noch nie kei i oms Dipfele bracht. Nörgeln ist auch dipfle. Der Dipfler ist ein Pedant, ein Korinthenkacker, Kimmichschpalter, Schafbollakrämer.

Dippige Gôs

Die nasale Gôs = Gans gilt als das Symbol weiblicher Dummheit. Dippig, dibbelich oder dubbelich ist einer, dem es schwindelig ist, der benommen ist, abgeleitet vom Düppel, der Drehkrankheit der Schafe. Später bedeutet das Wort soviel wie schwachsinnig, dumm. Eine dippige Gôs ist also die schwäbische Form der dummen Gans.

Domme Sau

Der Herrgott schuf bekanntlich die Welt auf der Lechbrücke in Landsberg, der schwäbisch-bayrischen Sprachgrenze. Als er damit fertig war, sagte er: »Es sei!«, was von den Schwaben richtig verstanden wurde, aber für die Bayern etwas anderes bedeutete: »Ös Säu!« = »Ihr Säue!« Sau ist ein uraltes schwäbisches Schimpfwort. Bei Sebastian Franck (1499–1542) liest man: »Einen unlustigen Menschen heißen wir ein Saw«, wobei unlustig damals gleichbedeutend mit unflätig war. In der »Augsburger Chronik« ist die Rede von »lutterischen Seuen und Puben«. Eine Sau ist eine körperlich und geistig unreinliche Person. Das Adjektiv dumm schwächt merkwürdigerweise den Schimpf, wäscht die Unreinlichkeit ab. Eine domme Sau ist lediglich eine einfältige Person.

Dommer Zipfel

Ist wohl von der Zipfelmütze des Bauern abgeleitet, die ein Symbol der Schläfrigkeit, der Einfalt ist. Ein dommer Zipfel ist ein geistig schwer beweglicher Mensch, wie zum Beispiel der Bauernbursch, der sich von einem Lompamenschle hat herumkriegen lassen und nun Alimente zahlen muß. Wäre er kein Zipfel, würde er einen Plure suchen, einen, der in den fraglichen Monaten auch die Gunst des Menschles genossen hat, denn dann müßte er nichts bezahlen. Aus der juristischen exceptio plurium, der Ausnahme zum Alimentezahlen, falls mehrere Männer am Vaterwerk beteiligt waren, hat die schwäbische Sprache den hochwillkommenen Plure gebildet, von dem der domme Zipfel allerdings nichts weiß.

Dommerle

Das Wort dumm kommt in vielen schwäbischen Redensarten vor, wird dem Mitmenschen gern angehängt. »Wenn der so lang wär wia domm, nô kennt 'r da Mond am Fiedle lecke«, ist eine schwäbische Einschätzung, die lange vor der Raumfahrt im Schwange war. Das Dommerle oder Dommele ist ein ins Zärtliche pervertiertes Schimpfwort, das nur liebkosend gebraucht wird. Auf die Frage: »Magsch mi?« bedeutet die Antwort: »Ha jô, du Dommerle!« soviel wie: »Wie konntest du nur daran zweifeln?«

Dompfel

Der Dompfel, auch Dumpfel oder Dempfel, eher fränkisch als schwäbisch, ist ein kleiner, dicker Mann, der zusammen mit der weiblichen Bombel ein gutes Paar gibt.

Donderskrott

Die Krott (Kröte) ist ein schwäbischer Kosename, wenn sie nicht gerade eine Pfauskrott ist, was von pfausen = aufblasen kommt und eine besonders große, häßliche Kröte meint. Auch wenn der Schwabe ein Mädle zur Schnecke macht und dazu noch ihr Geschlecht vermännlicht, meint er es liebevoll: A goldiger Schneck ist ein besonders liebenswertes weibliches Wesen. Mit Krott bezeichnen wir zuweilen ein vorlautes, schnippisches junges Mädchen. Donderskrott kann eine Bezeichnung für eine donderschlächtig durchtriebene Krott sein, aber auch ein hübsches, vifes und helles weibliches Wesen meinen.

Dondersviech

Die Vorsilbe Donder- oder Donner- (wohl im Gefolge des germanischen Gottes Donar) wird im Schwäbischen vielfach als Steigerung gebraucht. »Heit regent's donderschlächtich!« Sie kann auch eine widerwillige Anerkennung einschließen: »Des isch a Donderskerle!« Viech ist eine Bezeichnung für einen dummen Menschen oder einen Grobian, wird aber auch für einen Schalk, einen Gaudemacher gebraucht. Dondersviech ist also ähnlich dem Urviech eher eine Bestätigung für einen witzigen, sauglatten Menschen, der eine Gesellschaft nicht eben auf die feinste Art zu unterhalten vermag.

Dralle

Abgeleitet vom nordischen Troll, ist der Trolle, Tralle oder Dralle ein plumper Kerl, ein Kretin, ein Simpel (siehe auch Bauradralle). Er ist zwar ungeschickt und dumm, aber gutmütig und ungefährlich. Kein Schwabe wird in der Bezeichnung »Du Drallewatsch!« eine Beleidigung wittern. Die Gefährtin des Dralle ist die Drull oder Trulla, ein ebenfalls ungeschicktes, auch äußerlich ungeschlachtes Weibsbild.

Dreckampel

Eine Ampel ist eine Lampe, in Bayrisch-Schwaben auch ein großer, weitbauchiger Bierkrug, wie ihn Mönche liebten. Die Ampel ist ein keineswegs junges, einfältiges, schmutziges Weib. Wahrscheinlich eine Verkürzung des Vornamens Apollonia. Die Dialektform Appel wird auf geistig unterentwickelte weibliche

Wesen angewandt. Die Dreckampel ist eine unreinliche Weibsperson.

Dreckbell

Die Dreckbell ist eine schmutzige Person weiblichen Geschlechts, verschwistert mit der Saubell, der Schmotzbell und der Schmierbell. Ob das Wort Bell aus dem Französischen (belle = die Schöne) übernommen ist und ironisch angewandt wird? Ob es die Verstümmelung eines Vornamens ist wie beim Dreckbartle (von Bartholomäus) oder der Dreckappel (von Apollonia)?

Zwei sprach- und sachkundige Leser bestätigten, daß die Dreckbell ein verstümmelter Vorname sei. In ihren Heimatorten nannte man eine Barbara oder Babette abgekürzt Bärbel oder Bäll, auch Bell.

Dreckbolla

***Ein* Bolla ist ein Schmutzklumpen, ein Kothaufen, *eine* Bolla ein dreckiges Mensch. Dreckbolla nennt man einen, der auf Reinlichkeit überhaupt keinen Wert legt.**

Dreckbotzel

Dreck (= Schmutz) ist eine beliebte schwäbische Schimpfvorsilbe, deren Varianten von Dreckaff bis Dreckurschel reichen. Botzel ist eine fast liebenswürdige Bezeichnung für ein

Schwein. Die Übersetzung Dreckschwein wäre falsch. Die Dreckbotzel ist eine im Grunde genommen reinliche Person, die sich verunreinigt hat. Besonders wenn man ihr ein -le anhängt: »Du Dreckbotzele!« sagt die Mutter zum Kind, das beim Kirschenessen Gesicht und Kleidchen verschmiert hat. Sehr viel strenger klingt der mütterliche Befehl: »Komm rei, Aurora, du Drecksau!«

Dromsel

Trumsle bedeutet soviel wie taumeln, aber auch langsam, unentschlossen sein. Ein Trumsler ist ein unzuverlässiger, wankelmütiger Mensch. Trumsel, Trümmel, Trümsel oder Dromsel bedeutet soviel wie Betäubung, Schwindel, Dusel. Die Dromsel ist ein großes, starkes, altbackenes, altjüngferliches und unansehnliches Weibsbild.

Drotschele

Verkleinerung von Trutschel: dickes, plumpes, gutmütiges Weibsbild. Das Drotschele ist ein munteres Pummelchen.

Dubbanne

Abgeleitet vom Duppel oder Düppel, einem geistig armen Menschen, einem Dummkopf, verkoppelt mit einer verstümmelten Anna, also eine dupplige Anna, ein dämliches Mädchen.

Dubbedeile

Gehört gleichfalls zur Familie der Dippel und Duppel, solchen, die net recht bacha, nicht recht gebacken sind. »Wo se den gmacht hent, isch dr Hemmedzipfel drzwischakomma.« Das Dubbedeile ist eine körperlich und geistig schwächliche Weibsperson, sprachlich im Kreis Balingen ansässig.

Dupfer

Dupfe = etwas mit der Spitze des Fingers berühren. Ein Dupfer ist zum Beispiel der Wattebausch, mit dem der Arzt eine Wunde betupft, aber auch der Drücker am Abzug des Gewehrschlosses. In manchen Gegenden bedeutet dupfe soviel wie schimpfen oder betrügen. Dupfen tut auch der sparsame Hausvater, der in der Kirche so tut, als opfere er ein Scherflein, indem er heuchlerisch zwei Finger an die Öffnung des Opferstocks legt. Der Dupfer, vor allem am oberen Neckar heimisch, ist ein Mann, der sein Geld heimlich, hehlinge verbraucht.

Elender Siach

Das Wort siech ist der mittelhochdeutsche Vorläufer des Begriffs krank, der ehemals die Bedeutung von schwach hatte. Siech bedeutete später unheilbar krank, ständig pflegebedürftig, aber auch verdorben: siecher Wein, sieche Milch. Der Siach ist ein verdorbener, durchtriebener Kerle. Elend = miserabel, sowohl physisch wie moralisch. Das Adjektiv elend kann auch steigern: Hamburg ist elend groß, der Schwarzwald elend schön. Der elende Siach ist also ein schon arg durchtriebener Kerle.

Entaquentler

Wohl eine Ableitung des Entaklemmers = pedantischer Nörgler, Haarspalter. Die Quint war das kleinste württembergische Gewicht, quintlich oder quentelich nennt man einen, der kleinlich genau ist.

Erbsazähler

Genauer, sparsamer bis geiziger Mensch. Wurde oft als Schimpfname für die Weingärtner gebraucht. Erinnert an Beethoven, der für jede Tasse Kaffee die Bohnen abgezählt haben soll. Johann Erhard Cellarius ermahnt in seinem »Ehespiegel« (1621) die schwäbischen Frauen, sie sollen ihren Mann nicht »für ihren Trippelknecht, Hausbossler, Erbsenzähler, Kuchenbuben umbziehen« (siehe auch Wendelwäscher).

Erdasau

Erda- ist eine negativ verstärkende Vorsilbe (erdaschlecht), das verwandte Grund- (grondguat) verstärkt dagegen positiv. Das Wort Sau wird im Schwäbischen oft und gern auf einen Menschen angewandt, der sich in Worten oder in Werken unflätig benimmt. »Ein Mensch kann eine Sau sein, aber eine Sau kein Mensch.« Nicht zu verwechseln mit der Befehlsform: »Sau, Dante, sau!«, die keine abschätzige Bezeichnung für den italienischen Dichter, sondern die Aufforderung an die Tante ist, zu sauen, zu raifeln, zu springen, damit sie noch die Straßenbahn erreicht. Mit dem Wort Erdasau sollte man sparsam umgehen und es wirklich nur auf einen anwenden, der es in der Sauerei zur Meisterschaft gebracht hat.

Erdaschlaule

Die Vorsilbe Erda- bedeutet soviel wie sehr stark. Hat jemand einen »erdamäßich schlechte Charakter«, so ist von ihm einiges an Tücke und Hinterhältigkeit zu erwarten. Ein Schlaule ist ein schlauer Mensch, der durch das -le ironisiert, in Frage gestellt wird, dem man mit dieser Bezeichnung demonstriert, daß man seine Schlauheit durchschaut. Das Erdaschlaule ist also eine Person, deren übertriebene Schlauheit nicht viel nützt. Schlaule ist übrigens auch ein Ausdruck aus der schwäbischen Kindersprache für Ente und Gans.

Erdaschpitzbua

Im Hochdeutschen ist der Spitzbube ein Schurke, im Schwäbischen ist der Schpitzbua nur ein Schelm, ein Schalk. Spitz heißt das spitzigste Organ des männlichen Körpers. Schupfnudeln heißen deshalb wegen ihrer Ähnlichkeit in Form und Farbe auch Buabaschpitzla. »Du bisch a Bursch, vorne en Schpitzbua ond hente en Scheißbua!« Die Vorsilbe Erda- steigert (Fetz, Erdafetz): Ein Erdaschpitzbua ist ein besonders durchtriebener Schelm, der sich über die Fehler seiner Mitmenschen lustig macht und sie ausnützt.

Erdaviech

Ein Viech kann ein Grobian, ein wüster, zorniger Mensch sein. Das Wort bezeichnet aber auch einen lustigen Menschen, einen Spaßmacher. Die Vorsilbe Erda- wirkt verstärkend: erdaliadrich, erdaverloge. Ein Erdaviech ist so etwas wie ein Urviech, also ein Mann, der Freude an lauten und derben Späßen hat.

Fegbletz

Ein Bletz ist ein Abfallstück, das beim Kleidermachen übrigbleibt und später entweder zum Flicken oder beim Putzen verwendet wird. Das Wort stammt aus dem Althochdeutschen. Ein Fegbletz ist eigentlich ein herumfegender Lumpen, wird aber als Schimpfwort auf eine müßige, unruhige Weibsperson angewandt.

Fegere

Fegen = scheuern, putzen, kehren, vor allem aber polieren, schleifen. Daher der Name Schwertfeger. In meiner Jugend fegte man den Holzboden mit Fegsand, den der Fegsandbauer auf seinem Wägele in der Stadt feilbot. Sein Ruf: »Fegsand – kauft Fegsand!« klingt mir noch im Ohr. Fegen heißt aber auch ungestüm tanzen, herumstrolchen. Eine Fegere ist also keine Landsmännin, die mit Wollust der Kehrwoche obliegt. Ihre Wolluscht tobt sich introvertiert aus: Eine Fegere oder Schtadtfegere ist ein liederliches Weibsbild, eine Dirne.

Feldsiach

Feldsieche nannte man die Aussätzigen, die wegen Ansteckungsgefahr in Siechenhäusern außerhalb der Wohngemeinschaften, auf dem Feld untergebracht waren. Es gab Siechenhäuser für Arme – die Feldsiechen – und für Reiche, deren Los durch Stipendien gemildert war. Den armen Siechen blieb nur das Betteln übrig, für das sie die Durchgangsstraßen bevorzugten. Um sich ihrer Bettelei, der Ansteckungsgefahr und des zuweilen entsetzlichen Anblicks zu entledigen, gab sich der Reisende nicht zugeknöpft. In Wangen im Allgäu und in Bad Wurzach sind Siechenhäuser noch erhalten. Der oberschwäbische, ebenso liebenswerte wie hochtalentierte Maler Sepp Mahler (1901–1975) hat das Wurzacher Siechenhaus, sein Geburtshaus, oft gemalt. Auf einen Gesunden übertragen ist der Feldsiach eine Bezeichnung für einen durchtriebenen Spitzbuben.

Fetzalomp

Ein Fetzen ist ein lumpiges, heruntergerissenes Stück Zeug; man kann auch ein billiges Kleid damit bezeichnen. Der Lumpen hat fast die gleiche Bedeutung: ein Tuchfetzen zum Auf- oder Abwischen. Der Lump ist ein dicker, großer Kerl, ein Verschwender und Säufer, im allgemeinen auch ein nichtsnutziger, durchtriebener Mensch; er hat das ausgestorbene Wort Schelm ersetzt. Lomp ist weniger beleidigend als Fetz: »Kei Lomp isch er nemme, aber e rechter Fetz, er isch jetz no schlechter wia a Lomp!« Also ist der Fetzalomp nicht so schlimm wie der Lompafetz, aber schon ein Nichtsnutz und Tunichtgut von beachtlicher Qualität.

Fetzamädle

Der Fetz als eine mindere Form des Lumpen ist uns schon begegnet. Der Begriff Fetzamädle indes ist eher anerkennend als abwertend. Das Fetzamädle ist ein vifes Lompamenschle, mit dem man das gern täte, was Poussierschtengel mit ihm tun.

Fetzatriegel

Der Fetz ist im Material und in der Wertlosigkeit gleichbedeutend wie der Lomp. Der Sautrügel ist der Trog, aus dem die Schweine fressen. Der Fetzatriegel ist ein durchtriebener, ungeschlachter Nichtsnutz.

Finassel

Dieses Wort kommt aus der Soldatensprache und ist wahrscheinlich die Verstümmelung eines französischen Begriffs. »Rote Finassel« nannte man ein rothaariges Frauenzimmer. Wird das Wort solo gebraucht, so versteht man darunter ein schludriges, aufgetakeltes Weibsstück vom Schlag der Yvette in Brechts »Mutter Courage«. Fischers »Schwäbisches Wörterbuch« vermutet, daß der Ausdruck vom französischen filasse = Werg abgeleitet sei. Ich bezweifle es.

Fitzer

Der Fitzer ist ein hochnäsiger Bursche, ein Stutzer. Fitzen bedeutet: eins kurz mit der Gerte überwischen; pfitzen auch = kneifen. Der Fitzer stolziert, tut hoffärtig, macht Staat.

Flachs Britt

Dieser Ausdruck ist doppelt gemoppelt wie ein »weißer Schimmel«, was Philologen einen Pleonasmus nennen. Ein Britt ist ein Wesen weiblichen Geschlechts mit wenig Oberweite. »Se hot bloß a Paar Linse auf a Brittle gnagelt«, oder: »Wie an Mukkadreck auf eme Milchbrittle.« Der Schwabe legt Wert auf herzhafte Gespielinnen, wobei Herz die Hälfte des Busens bedeutet, das Ganze sind die Herzer. Kühn, aber nicht beweiskräftig behauptet er: »Wo koi Herz auße isch, do isch au koi Herz inne.«

Flankine

Abgeleitet von dem Verbum flankieren = müßiggehen, herumstreunen; verwandt mit flanieren vom französischen flâner = bummeln. Die Flankine, besonders an der oberen Donau heimisch, ist ein faules, schwatzhaftes, herumstreunendes Weibsbild mit lockerer moralischer Gesinnung. Ihr verwandt die Flankusel, ein unbeständiges, häufig den Dienst wechselndes Mädchen.

Fledrawisch

Ein Gänseflügel, der zum Abwischen des Herdes benützt wurde, heißt Flederwisch, ebenso langes Moos, an eine Stange gebunden, mit dem der Bäcker den heißen Backofen auswischt. Ein Fledrawisch ist eine kleine, quirlige Person weiblichen Geschlechts. »Liaber will i gar koi Schätzle als en sotta Fledrawisch«, heißt es in einem schwäbischen Volkslied. Ein behäbiger Schwabe muß solchen Wunsch gedichtet haben.

Frichtle

Das Frichtle ist die suebisierte Form des allgemeindeutschen Früchtchens, klingt aber im Schwäbischen positiver, weil von der wertvolleren Feldfrucht, dem Getreide, abgeleitet. Das Schtuagerter Frichtle ist eine Großstadtpflanze (denn auf dem Land hält man Stuttgart für eine Großstadt). A saubers Mädle ist ein hübsches Mädchen, a saubers Frichtle, ähnlich dem sauberen Bruader, jedoch recht nichtsnutzig. Die Bezeichnung Frichtle wendet sich sippenhaftverpflichtend auch gegen das Elternhaus, weil es Produkte schlechter Erziehung brandmarkt. Da es den eigenen Zeugewert erhöht, tut es dem schwäbischen Vater besonders gut, wenn er den Sprößling des Herrn Dekan oder des Herrn Professor zuweilen mit Recht als Frichtle bezeichnen kann.

Gätsch

Das Adjektiv gätsch (auch gatsch) ist ausgestorben. Es bedeutete soviel wie wollüstig: »Der Sitz der Wolluscht ischt das greeschte Hendernis fir die ewich Sälichkeit«, vermuteten die Pietisten. Gätsch wird noch als Schimpfwort gebraucht für Damen, oder vielmehr für deren Gegenteil: Eine Gätsch ist eine liederliche, schmutzige Weibsperson.

Gäucher

Ein Schimpfwort für Kenner. Der Gauch ist der Kuckuck, cuculus oder Goch. Das Wort Gauch war ein früher in der Hochsprache heimisches Schimpfwort für einen Narren, Toren, Laffen. In der Ulmer Gegend bedeutet gäuche soviel wie simulieren. Der Gäucher ist also ein Mensch, der sich verstellt.

Galankel

Ein Gale ist ein langer, dürrer Mensch; ein Galankes oder Galankel ein großer Mann mit nachlässigem Gang, also ein stattlicher Schlurger, auch Schlankel genannt. Redensart aus der Blaubeurer Gegend: »Gallinkel, Gallankel, do kommt er, der Schlankel.«

Galgagsicht

Es gibt eine ganze Reihe von Bezeichnungen für Menschen, die man an den Galgen wünscht: von Galgeaas bis Galgavogel. Wer wie ein Verbrecher aussieht, wessen Visage man kriminell findet, den nennt man ein Galgagsicht. Leider sehen Verbrecher oft ganz anders aus, als wir sie uns vorstellen, und hinter manchem Galgasicht verbirgt sich ein gutwilliger und gutmütiger Zeitgenosse, der neamerd nex z'leid tun könnte. Schwäbisch-fränkische Redensart: »Scharmant hangt dr Vatter am Galga, ond für d'Mutter wär au no Platz.«

Galgahond

Der schwäbische Hond ist weit weniger herabsetzend als der schriftdeutsche Hund oder gar der englische bitch. Ein Hond ist ein verschlagener Mensch, ähnlich dem bayrischen Hundling. Effektiver im Schimpf-Wert ist schon der Galgahond: ein heimtückischer Mensch, ein Schlingel, der für den Galgen reif ist.

Galgahur

»D'Armut hot viele zu Hura gmacht ond viele an Galga brocht.« Diese Volksweisheit beweist soziales Verständnis. Eine Galgahur ist eine Hure, die an den Galgen gehört. Dieses Wort demonstriert soziales Unverständnis. Ein gemeines, wüstes, starkes Schimpfwort, das mehr gegen den spricht, der es gebraucht, als gegen die, auf die es angewendet wird. Wohl aus dem Sexualneid entsprungen, der anderen das Vergnügen nicht gönnt, das einem selbst nicht oder nicht mehr vergönnt ist.

Galgeaas

Aas ist ein stinkender Kadaver; das menschliche Aas zeichnet sich durch Gemeinheit, Bosheit, Hinterhältigkeit und moralische oder physische Unreinlichkeit aus. Das Galgeaas ist ein widerwärtiges Subjekt, das eigentlich an den Galgen gehörte. Sehr starkes Schimpfwort.

Gaudel

Die Gaudel ist weiblichen Geschlechts, groß, manchmal übergroß, dumm, oft auch vorlaut, faul, manchmal sogar moralisch liederlich. Sie ist im Oberland, vor allem im Allgäu, zu Hause.

Gauzere

Lehnwort aus dem Fränkischen. Gauzen = bellen, unangenehm laut reden, husten. Mit Gauzere bezeichnet man in der Künzelsauer Gegend ein keifendes Weib.

Geesle

Mit Gôs = Gans bezeichnet man ein dummes Weib. Der Diminutiv verniedlicht, macht die Gans liebenswürdig, nimmt die Dummheit in Kauf. Das Geesle ist eine meist junge Person weiblichen Geschlechts, deren Mangel an Intelligenz durch die äußere Erscheinung voll ausgeglichen wird. Mehr Kose- als Schimpfwort.

Geizhammel

Geiz ist eine Eigenschaft, die man im Ländle häufig findet. Sie hat vielerlei Varianten: sparsam, p'häb, entressiert. »'s Schlechteschte, was ma em Menscha wenscha ka, isch a Haufa Geld ond a reachter Geiz drzua«, sagt man im Oberland. Der Geizhammel ist eine Kreuzung aus Geizhals und Neidhammel. »'s isch leichter, aus ema tote Esel en Furz z'brenge, als vo me Geizige a Geld«, liest man bei Franz Reiser (1865).

Giftschlegel

Das Wort Gift (vom Tätigkeitswort geben) bedeutete früher, wie heute noch im Englischen, soviel wie Gabe; in dieser Form ist es noch in dem Begriff Mitgift enthalten. Später wandte man es dann auf eine gefährliche, den Körper schädigende oder zerstörende Substanz an. Eine Nebenbedeutung von Gift ist Zorn. In Schillers Briefen liest man: »Gegen Kant hat er den größten Gift auf dem Herzen.« Auch in die Sportsprache ist das Wort Gift eingedrungen: Von einem Fußballspieler las ich, er hätte »Gift in den Beinen«. Ein Schlegel ist ein großer Hammer, aber auch ein grober Mensch. Abraham a Sancta Clara (1644–1709) spricht von »ungeschlachten Schlägels«. Ein Giftschlegel ist also ein grober Zornickel.

Giftschpritz

Die Giftschpritz gehört zur gleichen Familie wie der Giftnickel, die Giftnudel, der Giftschlegel, die Giftkugel, der Giftmichel und der Giftscheißer. Die Giftschpritz ist zornig, neidisch, bösartig, sie spritzt mit Worten und Werken Gift um sich.

Gilfer

Gilfen bedeutet in spitzem, hohem Ton wimmern. Junge Vögel, getretene Hunde gilfen. Auf den Menschen angewendet ist das schwäbische Gilfen ein fortwährendes Jammern, ein ständiges Keifen, ein eigensinniges Weinen. Das Verbum begegnet uns in vielen Kirchenliedern, vor allem in der ersten Person Präsens: »Ich gilf«, weil es sich so rasch und wohlfeil auf »Gottes Hilf« reimt. So bei dem Stuttgarter Renaissance-Hofpoeten Georg Rudolph Weckherlin (1584–1653): »Vertrauend Gottes starcker Hilff, zu ihm ich gilff.« Einen Gilfer tun = einen hohen, kurzen Schmerzensschrei ausstoßen. Als Schimpfwort bezeichnet Gilfer einen unzufriedenen, ständig jammernden Menschen.

Glatzafiddich

Einer, der keine Haare hat, dort glatzet ist. Fiddich hat nichts mit dem Vogelfittich zu tun, sondern ist wohl eine Verstümmelung des Vornamens Veit.

Glufagiaßer

Die Herkunft des Wortes Glufe = Stecknadel ist unbekannt. Wenn ein Schwabe der Hausfrau ein Kompliment für ihre Kochkünste macht, dann kann er als höchste Anerkennung sagen: »Dees isch besser wia a Gosch voll Glufa.« Glufagiaße bedeutet: den Speichel (zum Beispiel beim Anblick von Maultaschen) fließen lassen. Der Glufagiaßer ist also ein Sabberer, ein Trialer. Glüfla bedeutet: zierliche Handarbeiten verrichten;

glüflig nennt man eine geschickte, erfinderische, diftelige, aber auch heikle Person.

Gôg

Der Gôg wird auch Gag geschrieben. Man spricht ihn nasal als einen zwischen O und A gelegenen Vokal wie im englischen water aus. Das Wort kommt aus der Tübinger Studentensprache, wo die ortsansässigen Weingärtner damit bezeichnet wurden, ein uriges, derbes, mit der Hand und dem Mund schlagfertiges Geschlecht, das in der Gôgei oder Gagerei, der unteren Stadt, wohnte und einen Wein produzierte, der ebenso räs war wie seine Produzenten. Der Ursprung des Wortes ist dunkel, vielleicht biblisch (Gog und Magog), vielleicht von Kog = krepiertes Tier abgeleitet. Berühmt sind die Gôgenwitze. Der derbste und beste: Ein Gôg bittet einen Kollegen, ihm den Begriff «relativ» zu erklären, und bekommt die höchst bildhafte und sinnliche Antwort: «Wenn du dei Nôs en mein Arsch schtecksch, nô hôsch du a Nôs em Arsch ond i han a Nôs em Arsch. Aber i ben relativ besser drô.»

Goißaziefer

Eine Goiß ist eine Ziege, aber auch ein spillriges, staksiges, nicht mit barocken weiblichen Rundungen versehenes Mädchen. Ziefer ist ein Sammelbegriff für Feder- und Kleinvieh und (siehe Bettwanz) auch für die eigenen Kinder. Goißaziefer ist also eine Ziegenherde; in übertragenem Sinn ein despektierlicher Ausdruck für eine Ansammlung junger Mädchen. Man könnte eine weibliche Schulklasse im Pubertätsalter damit charakterisieren.

Goschlere

Die Gosch ist das menschliche Maul. Drei Söhne sitzen mit ihrem Vater beim Essen. Der erste: »Vadder, du hosch a Hoar am Riassel.« Der zweite: »Secht mer au zom Vadder seira Gosch Riassel?« Der dritte: »Vadder, du bisch 's graischt Rendviech, wenn dr dees gfalla läsch.« Worauf sich der Vater vielleicht mit der beliebten Drohung Respekt verschafft hat: »Dir schlag e an d' Gosch nô«, oder noch brutaler: »Dir schlag e en d' Gosch nei.« Der Goschaflicker ist der Zahnarzt, der Goschahobel die Mundharmonika. Goschle bedeutet unentwegt reden. Die Goschlere tut es. »Wenn mr dera d' Gosch wegschlage dät, no dät se mit em Arsch no bäbbere.«

Gôsfiedle

Zusammengesetzt aus der Gans, dem Symbol weiblicher Arroganz, gemischt mit Dummheit, und dem Fiedle, das soviel wie Hinterteil, Sterz, Bürzel bedeutet. Wenn einer oder besser eine »schnätteret wia a Gôsfiedle«, so kann sie den Mund nicht halten. Gôsfiedle ist eine Bezeichnung für eine unüberlegte Schwätzerin.

Gôsgalle

Der Galle ist vom Gallus abgeleitet, der in vielen Bauernregeln eine wichtige Rolle spielt. Galle = Dummkopf, Simpel, grober Mensch, zuweilen aber auch bloß Spaßmacher. Die schwäbische Form der Gans wird so nasal ausgesprochen, daß es eigentlich keinen Buchstaben dafür gibt. Sie gilt nicht nur kulinarisch

(König Friedrich I. von Württemberg: »Eine Gans ist ein dummer Vogel. Eine zum Mittagessen ist zuwenig, zwei sind zuviel!«) als Verkörperung weiblicher Dummheit. »Es gibt drei Arten von Weibsleuten: Hund-, Gäns- und Sauart«, behauptet eine schwäbische Redensart. Wenn ein männliches Wesen mit Gôs bezeichnet wird, so ist das besonders herabsetzend. Gôsgalle ist in der Gegend der oberen Donau die Bezeichnung für einen dummen Kerle.

Gottloser Satan

Der Teufel ist im Schwäbischen eine ziemlich schwächliche Figur; weit gefährlicher, boshafter und höllischer ist der »tausendlistig Feind«, der Satan. Fast noch häufiger und lieber als der Herrgott wird er von den evangelischen Gemeinschaften zitiert und beschrieben. In den alten Kalendern der Stundenleute wurde er auf schauderbarste Weise dargestellt, so daß selbst dem Deifel davor grauste. Dürers Vision vom Teufel blieb hinter solcher Schrecknis zurück. »Gottloser Satan!« ist eine Ansammlung gleicher Begriffe (Pleonasmus, wie zum Beispiel weißer Schimmel), denn wie könnte man sich einen frommen Satan vorstellen... Es ist also schon ein schlimmes Schimpfwort, das sich selbst erklärt. Oft ist der Satan weiblichen Geschlechts. »Dia isch der leibhaftige Satan!« sagt man von einem Weib, mit dem keinesfalls gut Kirschenessen ist.

Grupper

Vom Tätigkeitswort gruppen = schaffen, besonders aber unrentable Arbeit umständlich, träge verrichten, pfuschen. Der Grupper ist also ein Pfuscher, ein Stümper. Gruppzeug: ursprünglich geringes Schalenwild, nun ein Sammelbegriff für minderwertige Gegenstände und Personen.

Gruschtler

Gruscht oder Kruscht ist Gerümpel, unnützes Zeug. Da wir Schwaben ungern etwas wegwerfen, was man vielleicht noch brauchen könnte, gehört eine Gruschtkammer oder zumindest ein Gruschtfach oder eine Gruschtschublade in jeden ordentlichen Haushalt. Eine alte Tante von mir sammelte und etikettierte »Schnur-Enden, nicht mehr zu gebrauchen« und bewahrte sie unter ihrem Grüschtle auf. Der Gruscht ist das Zugeständnis schwäbischer Ordnung (die Leute pflegen, die zu faul sind, um zu suchen) an die Unordnung. Der Gruschtler ist ein Mann, der Gruscht liebt und gern darin herumwühlt.

Gscheckete Bachel

Der Bachel ist, vom Weingott Bacchus abgeleitet, ein Simpel. *Die* Bachel taucht zu Anfang des letzten Jahrhunderts im »Vetter aus Schwaben« von Johannes Nefflen (1789–1858) und zu Beginn dieses Jahrhunderts bei den Brüdern Weitbrecht (Karl, 1847–1904, und Richard, 1851–1911) als Bezeichnung für ein altes Weibsbild auf. Scheckig oder schecket bedeutet außergewöhnlich. Schekken sind seltene Pferde. Der Narr trägt ein scheckiges Gewand.

Deshalb heißt das Adjektiv scheckig oder gscheckt auch soviel wie närrisch, sonderbar. Eine gscheckete Bachel ist ein sonderbares altes Weib.

Laut Hermann Fischers »Schwäbischem Wörterbuch« sind Schecken ganz allgemein mehrfach gefleckte Tiere; schecket oder scheckig bedeutet demnach eigentlich fleckig, bunt, und erst im übertragenen Sinne kunterbunt, seltsam.

Gutedel

Gutedel ist ursprünglich eine Rebsorte. Der so lobend klingende Begriff wird aber auch ironisch auf ein sauberes Früchtle, auf einen Taugenichts angewandt.

Habergoiß

Eine Goiß ist ein junges, mageres Mädchen, das sich staksig bewegt. Goiß war auch ein Spottname für den Schneider. Habergoiß nannte man die, die beim Haferdreschen den letzten Schlag tat. Auch langfüßige Spinnen und Wachteln wurden mit diesem Ausdruck belegt. Schließlich aber ein dürres Weibsbild, das der erotisch zum Habhaften neigende Schwabe nicht so gern hat. Bei Johannes Nefflen (1789–1858) heißt es in seinem »Vetter aus Schwaben« derb: »Der will au a Gschtell moa ebbes Floasch dra isch und ka so Habergoaß.«

Haderkatz

Während der Haderlomp ein lumpiger Lump ist (denn der Hader ist auch ein Lumpen), kommt die Haderkatz von Hader = Zank, Streit. »Besser a Schtickle Brot en Frieda wia en Loib em Hader.« Die Haderkatz ist ein streitsüchtiges Weibsbild, gleich der Hadermetze, dem weiblichen Pendant zum männlichen Schtreithammel. In einer Predigt im Ulmer Münster meinte der Pfarrer Conrad Dieterich (1575–1639): »Bey Eheleuten findest manchen Letzkopf und manche beißigen Haderkatzen.« Ein Lätzkopf ist ein Querkopf. Dieses Schimpfwort ist, wie der Haderzahn, der Hadermann und der Häderlesmann, ausgestorben.

Haderlomp

Auch hier wieder, wie beim Fetzalomp, eine Verdoppelung synonymer Begriffe. Hader nicht gleich Zank, Streit, von dem die Haderkatz abgeleitet ist. Ein Hader (das Wort kommt aus dem Bayrischen) ist ein geringer Lumpen, ein Fetzen. Der Haderlomp ist also die Steigerung eines Lumpen, ein lompiger Lomp sozusagen, ein heruntergekommener Taugenichts. Auf einen Polizisten angewendet, der gerade eine gebührenpflichtige Verwarnung ausspricht, wird dieser Ausdruck die Strafe wohl drastisch erhöhen.

Hadermetz

Die Metze hatte ursprünglich dieselbe Bedeutung wie Mädchen; in der Gmünder Gegend hat sich der Begriff in diesem Sinn noch erhalten (Metzagymnasium). Später bekam der Begriff eine ordinäre Bedeutung: Metze = unzüchtiges Weib. In Schillers »Kabale und Liebe« befiehlt der Präsident: »An den Pranger Mutter und Metze von Tochter!« Die Hadermetz ist im Gegensatz zum Haderlomp ein zänkisches Weib. Eine Redensart heißt: »Armuot isch a Hadermetz.«

Häfeläre

Ein besonders kostbares Stück in unserer Schimpfwörtersammlung aus der Ulmer Gegend. Selbst Fischers »Schwäbisches Wörterbuch« weiß seine Herkunft nicht zu erklären. Man wendet das Wort auf eine neidische, wucherische Frauensperson an. Wahrscheinlich ist es die Verballhornung eines Namens. »Sia send au a rechte Häfeläre!« kann man also getrost zu einer Frauensperson sagen, die unseren Unmut im Straßenverkehr erregt hat. Da das Wort nicht genau deutbar ist, schließt es den Vorsatz der Beleidigung aus.

Häslaus

Die Laus spielt im schwäbischen Sprachschatz eine lausige Rolle: Lausbua und Lausmädle, Lauser und lausiger Tropf. Im Gegensatz zur Filz- und zur Kopflaus gehört die Häslaus zum Häsbsäß, zur Häsbesatzung. Häs ist die alte Dialektbezeichnung für die Kleidung: Sonndichshäs und Werdichshäs. »Dia hocket uffananander wia d'Häsläus.« In der Ravensburger Gegend war die Häuslaus eine häßliche vermummte Maskenfigur. Der Begriff Häuslaus ist auf eine zudringliche, häßliche Weibsperson anwendbar.

Hafascheißer

Hafa = Topf, besonders Nachttopf. »Du bisch a Kerle auf de Hafa, aber naufsetza muaß mr di«, sagt man von einem, dem man nicht allzuviel Selbständigkeit zutraut. Und von einem Allerweltsgescheitle: »Des isch a Kerle, der scheißt henter d'Häfe, daß se net omfallet.« Hafascheißer ist ein Schimpfname für kleine Kinder, aber auch für Ältere, »wo no da Hafareng am Hentera hent«.

Hafele

Im Schwäbischen hießt der Topf Hafen, der Töpfer Hafner. Die Bezeichnung eines Hafens für die Schiffahrt kannte man nur in Heilbronn und am Bodensee. Ein Hafekäs ist etwas Geringwertiges, ein Käs, den man selbst im Hafen herstellt. »Schwätz koin Hafekäs!« Der Hafele macht mehr Worte, als anderen lieb ist, er macht viel Lärm um nichts.

Halbdackel

Der Dackel ist uns wohlbekannt, er ist etwas blöder als der Simpel. Dackelhaft bedeutet soviel wie dumm und unbeholfen. In der Dackelfamilie, die kinderreich ist (Saudackel, Schmalzdakkel, Mordsdackel), ist das Ganze nicht so schlimm wie das Halbe. Der Halbdackel ist viel dackelhafter als der Saudackel. Der Schwabe hat halt etwas gegen Halbheiten.

Hamballe

Gehört zur Familie der Balle oder Walle, womit man dicke Einfaltspinsel bezeichnet. Der Hamballe ist eine Sonderform, aus Hans Balle zusammengesetzt: ein dummer, aber gutmütiger Tölpel, ein ungeschickter Mensch. Das Wort wird eher verständnisvoll als geringschätzig gebraucht.

Heckabeerlespack

Alle Begriffe, die mit der Heckenbeere, der wertlosen wilden Stachelbeere, gebildet werden, bezeichnen etwas Minderwertiges. Die Heckabeerleswirtschaft ist eine schlecht versehene, unrentable Wirtschaft, der Heckabeerlesbauer ein Landwirt, dessen Hof zu klein ist, der, von Schulden belastet, gruppt statt schafft. Heckabeerlespack ist ein abschätziger Sammelbegriff für eine Gruppe einflußloser, finanzschwacher und heruntergewirtschafteter Personen, mit denen zusammen man sich weder im Wirtshaus noch in der Kirche zeigen möchte.

Heckaschultes

»Di hot mr henter dr Hecka verlore«, sagt man zu jemandem von fragwürdiger Herkunft. Alles, was hinter der Hecke vor sich geht, ist verdächtig, weil es sich verstecken muß. Ein Heckakitz ist ein leichtfertiges Frauenzimmer, ein Heckakend ein uneheliches Kind, Heckaleut sind fahrendes Volk. »Du Lausbiable, du Heckaschultes!« heißt es im »Orgelmacher aus Freudenthal« von Johannes Nefflen (1789–1858). Der Schultheiß, der in den dreißiger Jahren leider zum Bürgermeister umbenannt worden ist, ist hierzulande hoch angesehen; wenn er aber in der Hecke statt im Rathaus residiert, taugt er nicht viel, ist er zu nichts zu gebrauchen.

Heidablitz

Ähnlich wie im Heidenspaß finden wir hier den Heiden als verstärkende Vorsilbe. Ein Heidablitz ist ein rascher, vifer, durchtriebener, verschlagener Mensch, mehr anerkennend als beschimpfend gemeint.

Heidahond

Gehört zur gleichen Familie wie der Heidablitz, Heidadeifel, Heidakerle, Heidakopf, Heidasakramenter und das Heidamädle. Wenn man vor jemandem einen Heidarespekt hat, so ist jener eine Autorität, der man mit Achtung oder gar mit Furcht begegnet. Der Heidahond ist ein böser Bursche, ein durchtriebener Schlingel. Die Redensart »Des isch a Heidahond, a galeeischer!« kann ich mir nicht präzis erklären. Galeeisch kann von Galiläa kommen, womit der Heidahond einen antisemitischen Anstrich bekäme; das Wort kann aber auch von der Galeere abgeleitet sein, auf der man Heiden bis zur Schlacht von Lepanto (1571) als Rudersklaven anschmiedete.

Heidakerle

»Du bisch a Kerle!«, das wird bisweilen ironisch, häufiger aber anerkennend gesagt. »A feiner Kerle« ist eine der höchsten Auszeichnungen, die ein Schwabe zu vergeben hat. Der Kerle ist meist jung und frisch. »Du bisch a Kerle wie Öl, bloß net so fett«, pflegte mein Vater zu sagen, wenn er mit mir zufrieden war. Heida- ist wie Mords- eine Steigerung, ein Heidakerle ist weniger eine Beschimpfung als eine Anerkennung: ein Kerle, vor dem man heidamäßig Respekt hat. »Du bisch a Kerle wia a Scheißhafe, di ka mer hente ond vorne brauche« – eine Redensart, die den praktischen Sinn des Schwaben bildhaft demonstriert.

Heidamädle

Ein Landsmann, der heidamäßig fromm ist, ist keinesfalls so fromm wie ein Heide, sondern mordsmäßig fromm, Heidasabel! Das Heidamädle ist das weibliche Pendant zum Heidakerle, viel mehr lobend als tadelnd gemeint, ein Mädle, vor dem man Respekt haben kann, mit der man nicht beschissen ist, auch wenn sie kein Geld hat und trotz der Warnung: »A schees Mädle heirate, wenn se nix hot, isch wia aus 're scheena Schissel fressa, wo nex dren isch.«

Heidasakramenter

Oder Heidasakermenter. Sakrament (auch Sapperment, Sackzement, bei Nikodemus Frischlin (1547–1590) sogar Seckelment) ist als Fluch Bruch eines Tabus. Sakramentiere bedeutet auch soviel wie fluchen. Ein Sakramenter ist ein Teufelskerl. Man kann ihn mit den Vorsilben Himmel- oder Hergott- steigern, sogar mit beiden zum Himmelherrgottssakramenter. Das unchristliche Wort Heida- wird häufig als Verstärkung gebraucht: Ein Heidaspektakel ist noch lauter als ein Spektakel. Der Heidasakramenter ist ein Teufelskerle, wobei ein Schuß Bewunderung beigemischt ist. Sakerdi! Dieses Wort kommt aber aus dem Französischen: »Sacre dieu!«, ein Ausruf des Erstaunens, der Bewunderung.

Heilandsakramenter

Der Schwabe führt den Namen des Erlösers oft vergeblich, aber eher gedankenlos als gotteslästerlich. »O du lieber Heiland!« ist ein Ausdruck des Erschreckens, der Verwunderung. Immerhin ist die Achtung vor dem Beinamen so groß, daß der Heiland niemals wie gleichklingende Begriffe (zum Beispiel heilsam) zum Hoiland oder Hoaland verschwäbelt wird. Zuweilen wird der Begriff ironisch auf einen Frömmler angewandt: In Cannstatt hieß der Vorsteher der Stundenleute, weil er ein Blechgeschäft betrieb, Blechheiland. Heilandsakrament ist ein kräftiger Fluch, der Heilandsakramenter ein verfluchter Kerl; dem Begriff kann eine Spur Hochachtung beigemischt sein. Es ist erfreulich, daß heute im Schwäbischen lang nicht mehr so unmäßig geflucht wird wie früher. Ein Bub sieht dem Herrn Pfarrer zu, wie dieser seinen Gartenzaun repariert, wobei der sich gottsallmächtig mit dem Hammer auf die Finger haut. Der Bub: »Gell, Herr Pfarrer, jetzt sott mr fluache derfe!«

Hennadreckasziager

Hennendreck mit Ruß vermischt in Hefeschnaps angerührt galt in der Zeit der Dreckapotheke als Heilmittel gegen das Bauchgrimmen. Seit man nicht mehr an den Heilwert des Hennendrecks glaubt, gilt er als wertlos. »Den sott mr mit Hennadreck vrschiaßе!« = der ist keinen Schuß Pulver wert! Wieviel bildhafter ist hier die schwäbische Version! Der Hennadreckasziager zieht Unnützes in die Länge, macht durch unsinniges, kleinliches Tun oder Reden Umstände um ein Nichts.

Hennafiedle

Im Gegensatz zu dem gleichbedeutenden, aber kräftigeren Wort Arsch ist Fiedle = Hinterteil eine feine Bezeichnung für diesen Körperteil. Aus der mittelhochdeutschen Fud abgeleitet, die nur weiblichen Wesen eigen ist. »Gschwätzt muaß sei, wenn 's Maul it schwätzt, schwätzt 's Fiedle!« Der Sterz des Huhns gibt weder ästhetisch noch kulinarisch etwas her. Ein Hennafiedle kann nichts verheben. Also überträgt man das Wort auf Schwätzer und Schwätzerinnen, die das Gerede nicht halten können.

Herrgottsblitz

Ein Blitz ist ein Kerle, zu dessen Taten einem die Anerkennung »Potz Blitz!« entfährt. Erst durch das Adjektiv (dommer Blitz, wurmiger Blitz) wirkt das Substantiv tadelnd. Der Herrgottsblitz ist paradoxerweise dasselbe wie der Deifelsblitz: eine Steigerung für einen besonders blitzigen Blitz, einen agschlanen (abgeschlagenen) Siach, einen durchtriebenen Teufelskerle. Der

Herrgottsblitz kann noch als Herrgottsdondersblitz eine Gehaltsklasse höher eingestuft werden.

Herrgottsdonder

Der Donder (= Donner) ist der Teufel. Die Bezeichnung wird aber auch widerwillig-anerkennend für einen Teufelskerle gebraucht. Die Vorsilbe Herrgott- hat bekräftigenden Charakter. Herrgottsdonder ist ein kräftiger Fluch, kann aber auch auf einen Menschen angewendet werden. Mein Vater nannte mich so, wenn ich in der Schule etwas ausgefressen hatte, was ihm Ärger einbrachte, wofür er aber Verständnis hatte. Der Herrgottsdonder entspricht etwa dem Malefizkerle.

Hopfezitz

Bezeichnung für ein unruhiges, quirliges, temperamentvolles Kind. Kommt auch als Familienname und kam als Wirtshausname vor. Hopfen bedeutet im Schwäbischen soviel wie das hochdeutsche Verbum springen. Die schwäbische Redensart »Des isch ghopft wia geschpronge« stimmt also auch philologisch, wörtlich: »Das ist gesprungen wie gelaufen.« Es ist also gleichgültig, auf welche Art man das Ziel ansteuert.

Hosabamper

Bampe ist ein typisch schwäbisches Tätigkeitswort, eine feinere Bezeichnung für das gleichbedeutende scheiße. Ein Hosabamper ist entweder ein kleiner Krampes, der seine Schließmuskeln noch nicht vollkommen beherrscht, oder ein erwachsener Mensch, der, statt der Gefahr dapferle zu begegnen, die Hosen vollmacht, also eine feinere Form des Hosenscheißers.

Hosabronzer

Brunzen = urinieren, wohl vom plätschernden Brunnen abgeleitet, gleichbedeutend mit saichen, schiffen. Es brunzt = es regnet. »Dem hot d' Katz ens Feuerzeug brunzt«, sagt man von einem, der keinen Erfolg hat. Als eine Frau in der Tübinger Altstadt ihren Nachttopf (Potschamber) aus dem Fenster leerte und von einem Passanten nach der Zeit gefragt wurde, präzisierte sie: »'s isch om de erscht Bronzet.« Der Hosabronzer kann auf sehr junge und sehr alte männliche Wesen angewendet werden. Jener kann das Wasser noch nicht, dieser nicht mehr halten.

Huatsempel

Der hochdeutsche Simpel (vom lateinischen simplex = einfach) ist ein Geistesschwacher. Der schwäbische Sempel bedeutet abgeschwächt ungefähr soviel wie Einfaltspinsel, Naivling. »Du Sempel!« ist eine beliebte Form freundschaftlicher Anrede. Wie der Sempel zum Hut kommt, ist noch nicht nachgewiesen. Der Begriff Huatsempel ist im ganzen Sprachgebiet geläufig als Bezeichnung für einen Menschen, der es in der Simpelhaftigkeit zu etwas gebracht hat, sagen wir also: einen, der in der Fakultät der Simpel den Doktorhut erworben hat.

Hudel

Einseitiger Besen oder Lumpen, mit dem der Bäcker den heißen Backofen auswischt. Weil das schnell gehen muß, damit sich der Bäck nicht die Griffel verbrennt, bedeutet hudle: etwas übereilt, flüchtig tun. Der Hudler ist ein oberflächlicher, rascher Arbeiter. Unser Hudel ist doppelgeschlechtlich: *der* Hudel ist ein Lump, ein Taugenichts, *die* Hudel eine leichtfertige Weibsperson.

Hudelanne

Hudle = etwas rasch und flüchtig tun. Die Hudelanne (von Anna) ist eine Schwester der Schlampanne: eine schmutzige, zerlumpte Weibsperson.

Hudelespack

»No net hudle!« heißt ein schwäbischer Leitsatz. Nichts übereilen, nichts schnell und flüchtig tun wie der Bäck, der mit dem Hudel, dem Lappen, den heißen Backofen auswischt, damit er sich nicht die Finger verbrennt. Hudelespack ist ein Sammelbegriff für einen Haufen unzuverlässiger, oberflächlicher, unordentlicher Personen und fast so schlimm wie Lumpenpack.

Hudeleswar

Den Begriff arbeiten gibt es im Schwäbischen nicht, man ersetzt ihn durch zahlreiche die Arbeit auf- oder abwertende Tätigkeitswörter wie schaffe = es dem Schöpfer gleich tun, gruppe, wuahle, bossle, hudle. Hudeleswar ist flüchtige, schlecht verarbeitete Ware, ein Wegwerfprodukt. Hudeleswar kann man aber auch zu einer Bagasch schlecht erzogener, unartiger Kinder sagen. Man kann den Begriff auch auf geringe Leute, Lumpenpack, anwenden. »Er isch koi Hudler«, sagt man von einem ironisch, dem es im Wirtshaus nicht nach Hause pressiert.

Hujakel

Kostbarer, seltener Ausdruck. Der Sänger Fritz Wunderlich (1930–1966) nannte einmal seinen Freund und Begleiter Hubsy Giesen (1898–1980) so. Ein Huimädle ist ein Mädchen, das etwas zwar sorgfältig, aber rasch, »em Hui« macht. »Hui« ist auch ein Lockruf für Gänse. Huie = eilen. Hujas war der Spottname für die Heudorfer (bei Riedlingen). Ein Jakel (Abwandlung von Jakob) ist ein grober Geselle. Ein Hujakel dürfte also so etwas wie ein rascher, etwas grobschlächtiger Mensch sein. Das Wort ist eher anerkennend als herabsetzend.

Hulatsche

Steigerung des Latsche = Lungerer, Müßiggänger. Der Hulatsche hat seine Heimat zwischen Tübingen und Herrenberg. Man bezeichnet damit einen groben, frechen Simpel.

Hurabalg

»Schwaben ist so ein unkeusch Volck, daß es selten zu rechtem mannbarem Alter kompt: gibt viel Hurn«, heißt es lakonisch in einer Augsburgischen Chronik. Das war vor der Reformation, welche die offensichtliche Unkeuschheit aus unserem Volksstamm wegreformiert hat. Balg wird da scherzhaft, dort verächtlich ein uneheliches Kind genannt. Das Hurabalg ist das Fallobst vom Baum der Erkenntnis einer sittlich keineswegs gefestigten Weibsperson.

Huraroß

Die hurische Vorsilbe steigert. Eine Huraärbet ist eine arge Schindarbeit. »Ich liebe dich sehr!« kann man ins Schwäbische so übersetzen: »I mog di huramäßich!« Ein Weib wie ein Roß ist ein stattlicher Dragoner. Ein Huraroß kann ein vermaledeites Pferd oder ein mordsmäßiges (huramäßiges) Trumm von Weib sein. Die Bezeichnung mindert nicht dessen moralische Qualitäten.

Huraseckel

Der Seckel oder Säckel, von Sack abgeleitet, war ursprünglich der Geldbeutel, wurde dann aber eine vulgäre Bezeichnung für den männlichen Geschlechtsteil. Die Pforzheimer denken bei diesem Ausdruck an nichts Schlimmes, er hat dort eine fast freundschaftlich-vertrauliche Note, während er in Stuttgart eine wüste Beleidigung ist. Der Huraseckel ist ein Widerspruch in sich: Eine Dame wird mit etwas, was sie nicht hat, in Verbindung gebracht. Nun denkt kein Schwabe bei der verstärkenden

Vorsilbe Hura- an die Herkunft dieses Worts. Es kann huramäßig kalt sein, und wenn es dann wärmer wird, haben wir a huramäßig schees Wetter. Dennoch ist der Huraseckel ein recht wüstes, derbes, herabsetzendes Schimpfwort.

Hurgler

Besonders bildhaftes schwäbisches Schimpfwort. Hurgeln ist eine ganz unbestimmte Art des Rollens einer Kugel. Das Wort rollen kennt allerdings der Schwabe nur in der Bedeutung des Wasserlassens kleiner Kinder (Pfetschakendle). Eine Kugel rollt nicht, sie rugelt. Wenn sie angestoßen ist, Macken hat und deshalb die Richtung verliert, so daß sie statt alle Neune den Kegelbuben umhaut, hurgelt sie. Ein Hurgler ist ein unzuverlässiger, unbedeutender, richtungsloser, unberechenbarer Mensch.

Hutzel

Eine Hutzel ist eine im ganzen gedörrte Birne; ist sie geschnitten, so spricht man von Schnitz; eine Schnitzbrüah ist dünner, schlechter Kaffee. »Wenn d' Bir alt isch, wird se bald a Hutzel.« Übertragen auf Personen ist eine Hutzel ein altes, faltiges, eingeschrumpeltes Weible. »Wenn d'Bir zur Hutzel worde isch, hot mer lang dra.« Diese Redensart stellt resignierend fest, daß die glatte, saftige Birne vergänglich ist, daß die Birnenzeit kürzer ist als die Hutzelzeit. Denk dra, Mädle!

Igel

Einen ruppigen Menschen nennt man Igel. Da dieses Tier oft Flöhe hat und nicht gerade angenehm riecht, bezeichnet man damit auch einen nicht gerade properen Menschen. Wenn man dagegen vom Stuttgarter Oberbürgermeister Arnulf Klett (1905–1974) sagte, er sei ein Igel, so war das nicht beleidigend gemeint. Er war ein Tübinger Igel, Mitglied einer sehr angesehenen Verbindung, die als Persiflage üblicher Studentenverbindungen gegründet worden ist. Um die Verbindungen zu karikieren, die ihren Namen von latinisierten Dörfern um Tübingen ableiteten (wie zum Beispiel die Burschenschaft Derendingia), wollten sich die Igel zunächst Kirchentellinsfurtia nennen, wobei das zweite T wie ein Z ausgesprochen wurde. Als sie diesen Namen anmelden wollten, sagte der Rektor: »Ihr Sauigel!«, (Bezeichnung für besonders garstige Igel). Darauf wollte sich die Verbindung den Namen Sauigel zulegen. Auch dies wurde abgelehnt, der feinere Name Igel jedoch genehmigt.

Jessasfetz

Fetz von Fetzen = Lumpen, abgerissenes Stück Stoff, schlechtes Kleid. Jessas- (verfeinert Jenseits-) ist eine steigernde, verstärkende Vorsilbe. Ein Jessasfetz ist ein überaus durchtriebener Mensch, vor dem man sich in acht nehmen muß. Hat einen anerkennenden Beiklang.

Judas

Der Name des Jüngers, der seinen Herrn verriet, ist als Ausbund der Falschheit zum Schimpfwort geworden. »Schreib Judas!« heißt es in Schillers »Piccolomini«. Der Judas geht viele Verbindungen ein: Der Judasbruder ist ein Verräter, das Judasgesicht ein unheimliches, böses Gesicht, und weil man damit schmiert, heißen Bestechungsgelder Judassalb.

Kalkibes

Kibes = Kopf kommt aus dem Rotwelschen, der Zigeunersprache, und ist über das Fränkische ins Schwäbische eingewandert. In der Verbrechersprache bedeutet kibesen enthaupten. Verwandt mit dem rheinischen Kabes oder Kappes = Kohl(kopf). Ein Kalkibes ist ein Kahlkopf, ein Glatzafiddich, einer, der statt einer Frisur eine Muckaschleifez, eine Schlitterbahn für Fliegen hat. Der sparsame Tübinger Gôg, gefragt, was er seinen Kindern zu Weihnachten schenke, sagte: »I saich ehne halt a Schleifez vors Haus.« Wer diesen Satz versteht, ist ein echter Schwache.

Kalmesnaze

Kalmus ist eine Wurzel, aus der man einen Magenschnaps macht. Der Naze hat nichts mit dem gleichnamigen -ismus zu tun, er ist vielmehr eine Abkürzung von Ignatius. Der Kalmesnaze – das Wort ist zwischen Ulm und Augsburg heimisch – ist ein dummer Mensch, ein Tagdieb.

Kalmuck

Ein in der Tuttlinger Gegend ansässiges Schimpfwort, das Rassenvorurteile demonstriert, ähnlich wie Zigeiner, Badenser oder Polack. Wieso der westmongolische Stamm der Kalmücken seinen Namen für einen dummen Kerle hergeben muß, kann ich mir nicht erklären.

Kalomes

Dieses klangvolle Schimpfwort, das in meiner Jugend in Cannstatt für einen unzuverlässigen Spitzbuben geläufig war, klingt spanisch, italienisch, jiddisch. Es kommt aus dem Rotwelschen, der Gaunersprache. Kalo heißt dort schwarz; der Zigeuner bezeichnet sich selbst mit diesem Wort. Zigeiner ist im Schwäbischen ein starkes, rassistisches Schimpfwort; Kalomes ist weit harmloser. Nur klanglich verwandt mit dem Kalmesnaze = Tagdieb, dem Kalopper = Hitzkopf, von galoppieren, und dem Kalmäuser = Schulmeister, Sonderling, vom lateinischen calmus = Feder.

Professor Dr. Hermann Arnold, ein bedeutender Tsiganologe, bemerkte zu dieser Definition: »Die Endung (mes) machte mich stutzig; sie klingt ganz jiddisch. Meines Erachtens ist es zu jiddisch (Plural) ›Challonos‹ = ›Fenster‹ zu stellen, das von Grolmann 1822 unter anderem in den Formen ›Kalones‹ und ›Chalones‹ gebucht worden ist. Der Dieb, der durchs Fenster einsteigt, ist ein ›Kalones-Eindipler‹. Kurzform ›Kalones‹, verdorben zu Kalomes. Literatur: Wolf, Wörterbuch des Rotwelschen, Ziffer 830.«

Kanäschte

Durchtriebenes, böses, streitsüchtiges Frauenzimmer, von der französischen Canaille = Gesindel, Pöbel abgeleitet.

Khogahacker

Hier haben wir es nicht mit der sprachlich rätselhaften Bezeichnung der Tübinger Weingärtner, den Gôgen, zu tun. Khoga sind in diesem Fall Krautstrünke. Der Krautbauer auf den Fildern war ob seiner Derbheit berüchtigt. Das Khogahacken ist eine besonders mühselige Arbeit, die auch sprachlich schlecht honoriert wird. Während ein Krautbauer recht wohlhabend sein kann, ist der Khogahacker ein armseliger, grober Krauter.

Kimmichschpalter

Kimmich ist hierzuland eine Bezeichnung für den Kümmel. Kimmicher sind Weißbrote mit viel Kümmel im Teig. Einer, der auch noch den Kümmel spaltet, ist ein Geizhals, ein Kleinigkeitskrämer.

Knaschterbart

Den Knaschterbart habe ich beim Landsmann Schiller gefunden. In »Kabale und Liebe« sagt der Stadtmusicus Miller zum Secretarius Wurm: »Was ich alter Knasterbart an Ihnen abkuke, ist just kein Fressen.« Es handelt sich also beim Knaschterbart um einen alten, rauhbauzigen, bärbeißigen Mann, obwohl der Miller kaum älter als fünfzig ist. Das Wort hat nichts mit Knaster = schlechter Tabak zu tun, der seinen Namen von spanischen canastro = Stroh hat. Besonders feine Tabaksorten wurden nämlich früher in Strohkörbchen versandt. Das Wort Knaster ist also ironisch gemeint. Im Schwäbischen gibt es davon abgeleitet das Tätigkeitswort knaschtere. Es ist lautmalend: dürres Gras, reifes Getreide und laut essende Leute knaschtern.

Knattel

Ein südliches Wort, aus dem Tirolischen eingewandert. Bezeichnung für ein schmutziges Weib, eine Dreckbolla.

Knaup

Ursprünglich Knorren im Holz, aber auch Geschwulst, Beule. Als Schimpfwort auf einen rauhen, knickigen Menschen, einen Geizhals angewendet. Bei dem schwäbischen Dialektdichter Gottlieb Friedrich Wagner (1774–1839) erscheint in seinem Stück »Es giebt doch noch eine Hochzeit« ein »knickiger Knaup«.

Knauscht

Schwer atmen, stöhnen ist knäuschte; knauze ist würgen. *Der* Knauscht ist im Oberland ein unzufriedener Mensch, *die* Knauscht ein grämliches Weibsbild. »Dia hot scho lang koi Sodele meh ghabt«, hörte ich von einer solchen Knauscht reden, was ich zuerst nicht verstand, bis ich auf die Erklärung in meinem eigenen Buch »Deutschland deine Schwaben« hingewiesen wurde, wo steht: »Das Wort sodele drückt die Befriedigung über die erfolgreiche Beendigung einer Tätigkeit aus, ob diese nun im Wirtshaus, im Bett oder am Schreibtisch stattgefunden hat.«

Knauter

Ein Knauter ist ein Höcker, eine geschwollene Halsdrüse, aber auch ein verkrüppelter, verkümmerter Körper. Mit Knauter bezeichnet man in der Ellwanger Gegend einen verwachsenen Menschen.

Knauzer

Eine schwäbische Abwandlung des Knausers, ein Geizhals, knikkig, entressiert, p'häb. Zusammendrücken, würgen heißt knauze. Von einem Knauzer sagte der Ravensburger Buchhändler und Erzschwabe Erich Beurer (1917–1974): »Wenn mer dem a Fenfmarkschtick zwische d' Arschbacke klemmt, nô verliert's d' Prägong.« (Siehe auch Pfennigschpalter.)

Kneilafeiz

Einen Kneilafeiz nannte man in meiner Jugend halb ärgerlich, halb freundlich einen, dem man nicht recht trauen konnte oder mochte. Die Herkunft des Wortes, das ich oft gehört habe, ist mir unbekannt. Ich habe es auch in keinem schwäbischen

Wörterbuch gefunden. Ich weiß nur, daß der Feilengriff zuweilen mit Feilakneidel bezeichnet wird.

Kniffe

Allgäuer Ausdruck für einen Geizhals. Der Kniff ist ein kleines Geldstück. Kratzen = kniffe; wer kniffig, knifflich oder kniffet ist, kratzt kleine Geldstücke zusammen, ist kleinlich auf seinen Vorteil bedacht.

Knippes

Schwäbische Form des Knirps: kleiner, zwerghafter Mensch. Mehr freundlich als herabsetzend gebraucht.

Knitzer Schtrick

Das Wort knitz ist eine Verkürzung von keinnützig. Man bezeichnete früher damit Gegenstände oder Lebewesen, die durch Alter oder Krankheit nichtsnützig geworden waren. Michael Buck (1832–1888) prägte den Vergleich »knitzer wia Khogafleisch«, womit noch nicht gesagt ist, daß er das Fleisch der Tübinger Weingärtner, der Gôgen, kannibalisch probiert hätte. Knitz ist auch verdorben, faul: »knitz wia a teigige Bir« (Birne). Knitz' Geld ist gefälschtes Geld. »Schwoba ond knitz' Geld kommet en älle Welt.« Arzneien schmecken knitz = schlecht. Knitz kann aber auch soviel wie bösartig und heimtückisch bedeuten. Heute hat das Wort eher den Sinn von neckisch, mutwillig, schalkhaft. KNITZ, Kolumnist der »Stuttgarter Nachrichten«, mag seinen Namen davon abgeleitet haben. Wenn ein Mädle knitze Augen macht, hat sie etwas vor, das ihr und wohl auch ihm Vergnügen bereitet. Der Schtrick ist ein Schelm; ein knitzer Schtrick ist ein vergnüglicher, durchtriebener Schalk.

Kolderer

Zunächst ist der Kolderer ein Husten, dann ein Mensch, der vom Husten geplagt ist. Zwei alte Krauter gehen an der Friedhofsmauer spazieren. Der eine ist ein gräßlicher Kolderer. Der andere, von solchem Friedhofshusten beeindruckt, verweist mit einer Kopfbewegung auf den makabren Ort. Der Kolderer hustend: »Dia, wenn se no könntet!« Das ist schwäbischer Lakonismus, die Fähigkeit, mit wenigen Worten viel zu sagen, nämlich die stolze Überlegenheit des Kranken über die Toten, die nicht einmal mehr husten können. Als Schimpfwort ist jedoch ein Kolderer ein aufbrausender Mensch, ein Zornickel, einer mit hohem Blutdruck, ein Choleriker. Merkwürdigerweise wird der Ausdruck im Fränkischen auf das Gegenteil, auf einen Phlegmatiker angewendet.

Kopperschpitäler

Kopper ist doppelbedeutig: Es bezeichnet sowohl den Rülpser wie den Rülpsenden. Weil man nach kohlensäurehaltigen Getränken gern aufstößt, heißen Bier oder Sprudel hochstaplerisch auch Koppersekt, umgekehrt der Sekt tiefstaplerisch Koppermoscht. Ein Spitäler ist der Insasse eines Armenhauses. Er ist nicht sehr angesehen, weil Armut als Strafe Gottes gilt. Spitälere heißt die Glocke, die im Ulmer Münster früher von den Insassen des Armenhauses geläutet wurde. Der Kopperschpitäler ist ein armseliger alter Mann, der sein Elend zuweilen still vor sich hinrülpst.

Kotteler

Die Kotte ist ein Speicher, ein Holzverschlag, eine Nebenwohnung, das Ausgedinge für den alten Krauter auf Lebenszeit. Der Kotteler ist der Bewohner eines solchen schlechten Hauses. Man bezeichnet damit einen geistig und moralisch unzulänglichen Menschen, der es statt zu einem Häusle nur zu einer Kotte gebracht hat.

Krabutz

Eher zärtlich, neckend, als scheltend angewendet. In Cannstatt bezeichnete man damit einen kleinen Knirps. Das Wort wird auch im Elsässischen gebraucht.

Krachler

Der Krachler ist nicht ganz so schlimm wie der alte Kracher = gebrechlicher Mann. Der Krachler ist zwar verlebt, aber noch lebenslustig; er täte noch gern, was er nicht mehr so recht kann. Dürres Gras krächelt; Krachele nennt man die gerösteten Brotbrocken, die man in die Suppe tut.

Kramboler

Dieses Wort ist nicht nur schwäbisch, man findet es auch im Malayischen, im Spanischen, im Französischen. Krambol bedeutet soviel wie Lärm, Streit, Händel; in der Ganovensprache ist das Wort noch lebendig. Der krambolt = der macht Lärm, der poltert, der schreit. Der Kramboler ist ein streitsüchtiger Schreihals. Wie viele schwäbische Schimpfwörter kommt es aus dem Französischen: caramboler = mit den Billardkugeln aneinanderschlagen, wobei eine Karambolage entsteht. Karambolage bedeutet sprachlogisch nicht nur Zusammenstoß, sondern auch Streit.

Krampes

Ein freundliches Schimpfwort, eher zärtlich als kritisch gemeint. Ein Krampes, auch Krampampes, Kramperle, Krampesle, ist ein pfiffiges kleines Kind, im Gegensatz zur Kramp, einem ständig klagenden und bettelnden Weib, ein Wort, das man auch auf eigensinnige und ungezogene Bälger anwendet. Also: Eigene Kinder sind Krampes, fremde Krampe. Vielleicht ist das Wort mit der Krampe verwandt, einem stark gekrümmten, axtähnlichen Werkzeug, mit dem der Kramper Steine unter die Eisenbahnschwellen schlägt. Krampus im Salzburgischen: Begleiter des Nikolaus, Teufel, böser Kobold.

Krampfbolla

Bolla = Dreckklumpen. Krampf = dummes Geschwätz, sinnlose Tätigkeit. Krampfbolla ist in der Bietigheimer Gegend doppeltgeschlechtlich. Man kann damit einen dicken Menschen oder ein dickes Mensch bezeichnen.

Krapp

Der Krapp ist ein Rabe, ein Krappegiekser ein Messer minderer Qualität, das höchstens zum Schlachten von Raben geeignet ist. Der Nachtkrapp war ein Gespenst, mit dem man Kinder schreckte, die nicht ins Bett wollten. Krapp als Schimpfwort ist fast liebenswürdig. Es wird auf Personen von dunklem Teint angewendet. Manchmal bezeichnet man einfach Lausbuben mit geringer Schulbildung damit.

Krautbauer

Das Kraut spielt in der schwäbischen Ernährung eine fast weltanschauliche Rolle. »Laß du mi meine Kiachle en deim Schmalz bache, nô derfsch du drfir dei Fleisch em meim Kraut koche«, sagt der profitliche Schwabe zum großzügigeren Franken. Dieser meint: »Do san d' Lait gere, wou mer vor lauter Flaasch 's Kraut net siecht!«, während der Schwabe bescheidener ist: »Besser a Laus em Kraut wia gar koi Floisch!« Mit dem Ausruf Bauer belegt man einen derben, groben Landsmann. Der Krautbauer ist auf den Fildern daheim, wo man das Filderkraut anpflanzt. Er steht im Ruf, so räs und sauer wie sein Produkt zu sein.

Krautscheißer

Das beliebteste schwäbische Gemüse ist das Sauerkraut, das früher, eingemacht in der Krautstande, in jedem Keller still vor sich hin stank. Krautscheißer heißt der Kohlweißling, dessen Raupen sich mit Vorliebe von Kraut nähren. Der menschliche Krautscheißer taugt nicht viel, ist nichts Besonderes. Einwohner vieler schwäbischer Ortschaften müssen sich den Begriff als Necknamen gefallen lassen. »I ka net Kraut hacke, 's Bibbele locke, scheiße ond em Herr Pfarrer d'Hand gebe«, sagt einer, dem zu viele Tätigkeiten auf einmal zugemutet werden.

Krawaller

Krawall = Lärm, Aufruhr. Der Krawaller ist ein Unruhestifter. Das Wort ist erst im 19. Jahrhundert aus dem Französischen zu uns gekommen. Es widerspricht der schwäbischen Gemütsruhe. Der Schwabe ist kein Revolutionär. Wenn ihm etwas an der Obrigkeit nicht paßt, ballt er höchstens die Faust im Sack. Seit den Bauernkriegen hat es bei uns keine Krawaller mehr gegeben.

Kreizbieradackel

Eine besonders aparte Züchtung aus der unendlich großen Sippe der Dackel und ein Wort, das man nur ungenau mit Tölpel übersetzen kann. Wie der Schmalzdackel und der Grasdackel kühn formuliert, mehr ahnbar als zu präzisieren. Die Biera ist eine Birne. Das Vorwort Kreiz- (Kreuz-) verstärkt ins Positive wie ins Negative: Einer ist kreizfidel, einer ist kreizerdaliadrich. Der Kreizbieradackel ist ein besonders origineller Dackel; wer ihn nicht fühlt, der wird ihn nicht erjagen. Eine Kreizbiera = Kreuzbirne ist botanisch unbekannt.

Krippel

Ursprünglich Bezeichnung für einen Invaliden. Als Schimpfwort ging die physische Bedeutung verloren. Der Krippel ist ein körperlich integrer, aber charakterlich verkrüppelter, liadriger, elender Taugenichts.

Lachefaller

Lache = Pfütze, aber auch = Jauche. Wer in die Lache fällt, ist ein Lachefaller, also ein unbeholfener Mensch. Besonderes Glück hatte ein Lachefaller im Allgäu. Die Bäuerin hatte ein Verhältnis mit dem Knecht, und das Paar beschloß, den hinderlichen Hausherrn aus dem Weg zu räumen. Da der Knecht ein weiches Gemüt hatte, bekam die Frau den Auftrag dazu. Sie öffnete die Jauchegrube im Stall, und als ihr Mann eine Kuh molk, gab sie ihm eins über den Dätz, warf ihn in die Jauchegrube, schaltete das Rührwerk ein und machte den Deckel zu. Nach getaner Arbeit oblag sie mit dem Knecht der Erbsünde. Dann stocherte sie mit einem Stecken nach der Leiche ihres Mannes, fand sie aber nicht und dachte, das Rührwerk hätte wie ein Haushaltmixer gewirkt. Sie heuchelte Verzweiflung und rannte zum nahegelegenen Hof, wo die Polizei sie schon erwartete und festnahm. Denn der Lachefaller war nicht umzubringen gewesen. Schädel und Knochen hatten dem Rührwerk standhalten können, er fand den Sicherheitsschalter, stellte die Maschine ab und schleppte sich auf die Straße, wo, weil es Winter war, seine Kleidung gefror. Als

Anhalter ließ er sich ins Krankenhaus bringen; im Auto taute er wieder auf und erzählte später den Ärzten seine Geschichte. In der Gerichtsverhandlung legte der Lachefaller so gutes Zeugnis für seine Ehefrau ab, daß sie nicht allzu hart bestraft wurde.

Lackel

Nicht sehr originell und in vielen Dialekten heimisch. Der Lakkel, auch Lackes, Lacke, typisch schwäbisch aber das Lackele, ist ein Mensch, der alles an sich schlottern läßt, auch geistig, ein Tölpel, ein ungeschlachter, dummer Kerl. »D' Händ lackele lau« bedeutet in der Welzheimer Gegend: die Hände schlaff herunterhängen lassen.

Lälle

Von dem Zeitwort lallen = undeutlich sprechen abgeleitet. Ein Lalle ist ein einfältiger, dummer Mensch, ein fauler alter Mann. In der Heilbronner Gegend sagt man zu einem großen Mund oder zur Zunge Lälle; lälle bedeutet dort auch soviel wie die Zunge herausstrecken. Der Lälle ist ein älterer bis alter Mann, der böswillig schwätzt.

Lätzkopf

Was lätz ist, ist verkehrt, verdreht, falsch. Lätzkopf ist eine fast ausgestorbene Bezeichnung für einen Querkopf. Evangelische Christen gebrauchten diesen Ausdruck gern für Nichtreformierte, die einen falschen Glauben im Kopf hatten und sich gegen die Reformation sträubten.

Lahme Henn

Die Henne gilt als ein besonders duppliges, einfältiges Tier. Das Adjektiv lahm legt diesem Tier noch geistige und körperliche Langsamkeit zu. Ein dummes, einfältiges, langweiliges, unlebhaftes Weibsbild ist eine lahme Henn.

Lahmetze

Hat nichts mit einer Metze zu tun, einem in der Hochsprache fast ausgestorbenen Wort, das gleichbedeutend mit Dirne war. Im Schwäbischen hat sich die Metze ohne schlimme Nebenbedeutung erhalten. In der Gmünder Gegend bezeichnet man damit ein junges Mädchen, und in der Umgangssprache gibt es noch ein »Metzengymnasium«. Die Lahmetze dagegen ist eine Schwester des Lamanes, eines lahmeligen Dengers. Sie ist eine langsame, träge, langweilige Person weiblichen Geschlechts.

Lamanes

Gleichbedeutend mit dem deftigeren Lahmarsch: Der zweite Teil des Worts entspricht dem lateinischen anus = After. Ein Lamanes, in der Leutkircher Gegend heimisch, ist ein träger, langsamer, langweiliger Mensch.

Lamel

Für träge, langweilige, langsame Menschen hat der Schwabe viele Bezeichnungen, die sämtlich von »lahm« abgeleitet sind: Lames, Lamanes, Lamech, Lahmarsch, Lahmlatz, Lahmetze. Mit Lamel bezeichnete man ursprünglich ein schmächtiges Geschöpf, eine verschrumpelte Bohne, einen dürren Ochsen, einen alten Gaul; übertragen angewendet auf ein faules Mannsbild oder ein träges Weibsbild, bei dem die Bezeichnung auch ein Quentchen Unmoral nicht ausschließt.

Lausbalgschender

Der Balg einer Laus ist etwas besonders Wertloses. Redensart aus der Ellwanger Gegend: »Wenn dr Lausbalg en Taler gibt, hab i gwiß kei einzige.« Der Lausbalgschender ist ein Knicker, ein Geizhals, der den Lausbalg abzieht, der sich um ein Nichts Mühe macht und sich davon Gewinn verspricht.

Lauskopf

Die Laus ist das Symptom der Verwahrlosung: Lauser und Lausbua. »Die keinnützigen eckischen Lausköpfe« werden in einer Satire aus der Reformationszeit die Anhänger des Dr. Eck, rhetorischer Gegner Luthers, genannt. Der Lauskopf kann Läuse auf dem Kopf oder im Hirn haben.

Lecksfiedle

Fiedle ist eine feine Bezeichnung für das Hinterteil. Wer so devot ist, der Aufforderung des Götz von Berlichingen zu folgen, ist ein Lecksfiedle. Das Wort hat viele Bedeutungen. Man wendet es auf dumme, zaghafte, feige, devote Zeitgenossen an. Außerdem ist es ein Spottname für die Aalener und die Markgröninger. Eine Darstellung aus dem 15. Jahrhundert an der Kirche von Kerkingen im Ostalbkreis wird als Lecksfüdle bezeichnet. Eine barocke Spottfigur am Eingang zur Großkomburg weist sich gleichfalls als Lecksfiedle aus. Verbreitet ist die Redensart: »Moinsch, i mach dei Lecksfiedle?«

Leetfeila

Wenn ich meinen Nachbarn Adolf in Hinterrohrbach bewunderte, einen geschickten Bastler und Reparierer, dann sagte er: »A was – wenn mr löta kô, kô mr älles!« Beim Löten bildet sich durch Oxydation an der Spitze des Lötkolbens eine Schicht, die härter als Stahl ist. Man muß sie mit der Feile abschleifen. Dabei wird die Feile bös zugerichtet, sie wird selbst abgeschliffen. Deshalb ist eine Lötfeile nach solcher Arbeit unbrauchbar. Der sparsame schwäbische Flaschner nimmt zum Abfeilen des Lötkolbens eine alte Feile, die zu nichts anderem mehr taugt, die er nachher mit gutem Gewissen wegschmeißen kann. In übertragenem Sinn ist also eine Leetfeila ein Taugenichts, ein Nichtsnutz.

Lemple

Der Lomp ist ein Taugenichts, ein Nichtsnutz. Für ihn gibt es zahllose Variationen vom Mordslomp bis zum Lompaseckel. Armut ist fast schon Lumperei: »Wer nix erheiert ond nix ererbt, der bleibt a Lomp, bis daß er sterbt«, heißt es im Fränkischen, wo man nicht ausschließlich durch lästige Arbeit wie im Schwäbischen zu Besitz zu kommen trachtet. Das Lemple ist ein kleiner Lump, genügte aber früher für eine Beleidigungsklage: »ihne einen vollen Zapfen und Limple gescholten« steht in einer Gerichtsakte im Aulendorfer Archiv. Heute ist das Lemple fast verniedlichend, aber der Volksmund warnt: »Jonge Lempla, alte Lompa!« Das ist die schwäbische Form der Erkenntnis »Was ein Häkchen werden will, krümmt sich beizeiten.« »Em Lemple ghört 's Schtemple«, pflegte meine Mutter zu sagen, wenn ich als kleiner Bub die spärlichen Reste in den elterlichen Weingläsern austrank.

Loddel

Das Wort ist aus dem Fränkischen eingewandert. Der Loddel ist ein träger Mensch (vielleicht verwandt mit dem Ausdruck Lotterbett). Ist etwas loddelig, so ist es locker, unfest. Auf einen Menschen angewendet, bedeutet das Adjektiv soviel wie lahm oder phlegmatisch.

Lôle

Das ô im Lôle ist ein stimmhaft offener Nasallaut, zwischen o und a liegend, ungefähr wie im französischen »dans«. Der Lôle kommt wohl aus der Gaunersprache, wo der Lolle einer ist, der dumm herausschwätzt. Der schwäbische Lôle dagegen ist ein langsamer, langweiliger Mensch.

Lompadock

Im Schwäbischen ist manches mittelhochdeutsche Wort erhalten geblieben, das in der Hochsprache ausgestorben ist, zum Beispiel die Dock, mittelhochdeutsch tocke, als Bezeichnung für Puppe. Auch übertragen entspricht die Dock der Puppe (»Laß die Puppen tanzen!«); man bezeichnet damit eine Zierpuppe, ein geputztes Frauenzimmer. Dockle heißt soviel wie tändeln, flirten; dockelig ist zierlich, niedlich; eine Dockakomede ist ein Puppentheater. Das Vorwort Lompa- (Lompamensch, Lompaziefer, Lompapack) setzt die Dock im Wert herab; eine Lompadock ist ein zwar adrettes weibliches Wesen jüngeren Jahrgangs, das weiß, daß es hübsch ist, es ist aber auch durchtrieben, keck und zuweilen moralisch nicht standhaft.

Lompagsendel

Ein Lomp ist ein Kerle, der hinten und vorne nichts taugt; er muß sich im Schwäbischen viele Zusammensetzungen gefallen lassen. Das Gesinde war die Gefolgschaft, davon abgeleitet das Gesindlein = üble Gefolgschaft. Später wird daraus das auch in der Hochsprache bekannte Gesindel. Lompagsendel ist eine Sammelbezeichnung für eine verstärkte Mehrzahl, ein Lumpenkollektiv.

Lompapack

Kollektivausdruck, gleichbedeutend mit Lumpengesindel; oft von einem, der nicht miterbt, auf eine Erbengemeinschaft angewendet. Pack kommt vom spätlateinischen paccus und wird für ein moralisch minderwertiges Kollektiv gebraucht: »Dr Teifel hat bloß Mutter ond Nahne (Großmutter), der ghört eme ledige Pack.«

Lompazi

Der Lompazi ist ein Lump. Die Bezeichnung ist aber mehr scherzhaft als herabsetzend. Lompazi ist ein imitierter Heiligenname, ironisch gebraucht. Bekannt ist Johann Nestroys »Lumpazivagabundus«.

Lompaziefer

Ziefer oder Zieferwar heißt das Federvieh, vor allem Hühner, Enten und Gänse, beim Bauern. Ziefer ist darüber hinaus ein Sammelbegriff für das Kleinvieh, also für Schafe und Ziegen. Auf Menschen übertragen kann man auch seine Sippschaft als Ziefer bezeichnen. Mit der Vorsilbe Lompa- wird der Begriff stark herabsetzend. Jede Erbschaft ist ein wichtiger Einschnitt in der gesellschaftlichen Struktur schwäbischer Familien. Was vorher Ziefer war, wird nach einer Erbschaftsauseinandersetzung leicht zum Lompaziefer.

Lôtsch

Der Lôtsch – man spricht das ô nasal zwischen o und a – ist ein Lumpen, ein Fetzen. Schwerfällig, plump gehen ist lôtschen; lôtschig ist eine verwahrloste Person, die sich gehen läßt. Die Lôtsch ist ein verkommenes Weibsbild von zweifelhafter Moral, eine Herumtreiberin.

Luaderle

Luder ist ursprünglich eine Bezeichnung für Aas, faules Fleisch. Genau wie das Aas ist auch das Luder zum Schimpfwort geworden. Man versteht darunter eine schlechte, liederliche, abgeschlagene, durchtriebene Weibsperson. Das Luader wird zuweilen mit Adjektiven wie wiaschd, schäbich, schleckich liiert. Aber das schwäbische Luader ist nicht so schlimm wie das hochsprachliche Aas. »Du frechs Luader!« kann eine freundliche, fast zärtliche Anrede sein. Ein Luaderle ist ein mit allen Wassern gewaschenes Mädle, mit dem ein Mannsbild gar nicht ungern in Kontakt käme, weil er sich in einer gewissen Beziehung etwas verspricht.

Lubbel

Eine Lubbel ist ursprünglich eine herunterhängende Unter-, eine sogenannte Habsburgerlippe. Verdrossen sein = a Lubbel rahenka. »Der henkt a Lubbel ra, daß mr en Schlappschuah dranô henke kennt.« A Lubbel ist übertragen ein dummer und verdrossener Mensch.

Luckes

Verstümmelung des biblischen Vornamens Lukas (wie Basche aus Sebastian, Rikele aus Friederike, Jockel aus Jakob). Übertragen auf einen Kerle angewendet, der weder Kraft noch Saft hat, mit dem nicht viel los ist, mit dem man keinen Staat machen kann. Luckele, hochsprachlich Küken, haben wohl nicht viel mit dem Luckes gemeinsam. Von ihnen stammt der Begriff Luckeleskäs, der wiederum nichts mit Lukullus zu tun hat. Leider ist der gut schwäbische Begriff Luckeleskäs heute in der Umgangssprache von einem widerwärtig preußisch klingenden, schon im Klang Widerwillen erweckenden Begriff verdrängt worden: Quark.

Lude

Kurzform des Vornamens Ludwig. Der Lude hat viele negative Möglichkeiten: Er kann garstig, säuisch, unanständig, unmoralisch sein. Es gibt einen Bier-, Sau-, Schnaps- oder Sauflude. Hängt wohl kaum mit dem Ludel, einem Trinkgefäß für kleine Kinder, zusammen. In manchen Gegenden nennt man auch einen großen Krug Ludel.

Lugabasche

Schimpfwort aus meiner Heimatstadt Cannstatt. Basche ist eine Abkürzung von Sebastian. Der Lugabasche ist ähnlich dem hochdeutschen Lügenpeter ein Gewohnheitslügner. Der Stuttgarter Schtäffelesrutscher, der seine Stadt für bedeutender hält als Cannstatt, ist für unsereinen, der als Cannstatter in der Emigration in Stuttgart lebt, schon a rechter Lugabasche.

Lugamaul

Hier wird ein pars pro toto, ein Teil fürs Ganze genommen. Der Schwabe hat keinen Mund, sondern ein Maul, besser: a Gosch. Ein Maul, aus dem nur Lügen kommen, ist ein verlogener Mensch, ein Lugamaul. »Uffrichtich ond gradraus« behaupten wir von uns. Des isch a Lug. Der Schwabe ist verschlagen, pfiffig, knitz. Friedrich Nietzsche sagt: »Die Schwaben sind die besten Lügner in Deutschland, sie lügen unschuldig.« Nietzsche weiß nicht, daß eine Lug bei uns nicht so gemeint ist. Man sollte sie unter dem Gesichtspunkt werten: »Was gôt mi mei saudomms Geschwätz von geschtern ô!«

Lulle

Der Lulle ist der Saugbeutel für kleine Kinder. Er war mit Zukker und Brot oder mit Mehl und Honig gefüllt. Lulle nennt man auch die weibliche Brustwarze. Das Wort hängt sicher mit dem Begriff einlullen zusammen. Der Lulle ist ein verschlafener Kerle oder eine liederliche, dumme Person.

Mädlesfitzeler

Ein Fieseler, Fitzeler oder Pfieser ist hinter den Röcken her. Der Fitzer ist ein hoffärtiger Mensch, ein Stutzer. Auf die Fitze gehen oder fitzen: nachts zur Geliebten gehen, auch fensterln. Der Mädlesfitzeler ist ein Schürzenjäger, der junge Jahrgänge bevorzugt.

Märzakalb

So nennt man den, der am 1. März als Letzter aufsteht (wie der Palmesel am Palmsonntag). Im März geborene Kälber sollen besonders groß sein. Das Märzakalb ist eher in der Einfalt als im Fleisch gewichtig; es entspricht etwa dem Erzrindviech.

Maiagôs

Ursprünglich eine im Mai ausgeschlüpfte Gans, die als gesundheitlich besonders anfällig gilt. »Fastebräut ond Maiagees verrecket gern«, sagt der Volksmund, und bei Michael Buck (1832–1888) liest man: »Dees isch a Kerle wia a Maiageesle, wenns a Regele auf ihn tuat, isch er krank.« In manchen Gegenden ist es üblich, die Leute nicht in den April, sondern in den Mai zu schicken. Wer darauf hereinfällt, ist eine Maiagôs. Man gebraucht den glimpflichen Ausdruck aber auch für den oder die, die am ersten Mai zuletzt aufstehen. Die Maiagôs ist also eine Schwester des Palmesels, des Märzakalbs und des Pfengschtdreckelers.

Malefizklob

Malefiz, vom lateinischen maleficium = Missetat, war in der mittelalterlichen Amtssprache alles, was mit einem Kriminalverbrechen zusammenhing. Später ist Malefiz- zu einer verstärkenden Vorsilbe geworden: ein malefiznettes Mädle in Sigmaringen mußte schon sehr schön sein, um mit diesem mehr als schmückenden Beiwort belegt zu werden. Ein Klob ist ein grober Kerl, ein Malefizklob ein besonders schlimmer Klob.

Malefizmetz

In der Gmünder Gegend hat das Wort Metz noch die ursprüngliche mittelhochdeutsche Bedeutung für ein Mädchen und nicht den Beigeschmack der Unzucht. Die Malefizmetz ist die Schwester – oder das Menschle – des Malefizkerle. Die Vorsilbe Malefiz- bedeutet hier nichts Kriminelles, sie verstärkt lediglich. Eine Malefizmetz ist – Sapperlot! – ein bemerkenswertes Mädchen, das sich durchzusetzen vermag, eine Art Donderskrott also.

Mamakendle

Das Mamakendle ist ein ängstliches Kind, das sich nicht selbständig zu machen versteht, sondern immer am Schürzenzipfel der Mutter hängt.

Menschle

Das Mensch ist eine moralisch ziemlich anfällige, von ständigen Niederlagen bedrohte Weibsperson. Wenn man »auf die Menschete geht«, läuft man den Menschern, den Weibsbildern nach. Durch die Nachsilbe -le wird das Mensch verniedlicht. Als ein Menschle bezeichnet man mit Bedauern und Verlangen ein junges weibliches Wesen, das mit anderen das gerne tut, was man selbst gern mit ihm täte, do dät.

Mischtviech

Während das Viech durchaus nichts Herabsetzendes hat, sondern positiv auf einen lustigen Gesellschafter, auf einen Gaudemacher angewendet wird, wertet die Ehe mit dem Mist das Viech ab: Mischtviech ist eine Person von schmutziger Gesinnung und Gesittung.

Mockets Dier

Trotz der animalischen und sächlichen Bezeichnung stets ein Femininum, also ein weibliches Mensch. Mocken = trutzen, verdrießlich sein; entspricht dem sächsischen »diggschen« = tückschen. Ein mockets Dier ist also ein unfreundliches, trotziges, beleidigtes und daher demonstrativ stummes Frauenzimmer.

Modibbel

Das Mondkalb ist der Erde so fern, daß es nichts von dem versteht, was uns bewegt. Der Modippel ist ein wirklichkeitsferner Einfaltspinsel aus der Familie der Dippel, die abgeschwächte Dackel sind.

Momännle

Hübscher ist die Schreibweise Maumändle, auf deutsch Mondmännchen. Verwandt mit dem Mondkalb, Modibbel, Mondviech. Sie alle zeichnen sich durch Wirklichkeitsferne aus. Durch den astronautischen Mondtourismus haben die Wörter eigenartige Nebentöne bekommen. Besonders schön ist das Schimpfwort »mauschillicher Siach«, auf einen Menschen angewendet, der nach dem Mond schielt, der nachtwandelt. Sebastian Sailer (1714–1777) spricht vom »Maumändle, dem bucklat Deifel«. Das Momännle ist der Mann im Mond. Da er kaum sichtbar ist, wird der Begriff auf einen kleinen, unauffälligen Mann angewendet.

Mopper

Wie beim schriftdeutschen Mops: Name einer gedrungenen Hunderasse, auf einen dicken Menschen übertragen. »En Mopperles Kratte« (Korb) bedeutet soviel wie im Mutterleib sein. Das Mopperle kann aber auch satanische Bedeutung haben: »Der kommt auf Mopperles Bühne, ond die isch zeah Klafter onder dr Höll.«

Mopskopf

Der Mops ist nicht etwa ein auf den Hund gekommener, sondern – siehe Mopper – schlicht ein dicker Mensch. In der Blau lebte die Mopsforelle (gibt es die heute noch?), deren Oberkiefer kürzer war als der Unterkiefer. »Möpse« ist bei Michael Buck (1832–1888) das, was zwei miteinander tun und was man nicht vor keuschen Ohren nennen soll; bei Berthold Auerbach (1812–1882) bedeutet es dagegen soviel wie prügeln. Und heute: »Des mopst mi« = das wurmt mich. Mopskopf bedeutet soviel wie Dickkopf, äußerlich und innerlich.

Mordsdackel

Wieder sind wir in der Riesenfamilie der schwäbischen Dackel, die nichts mit der gleichnamigen Hunderasse zu tun haben, sondern entweder von Dagobert abgeleitet sind oder aus dem Rotwelschen stammen und soviel wie Simpel bedeuten. Die Vorsilbe Mords- ist respekteinflößend, ähnlich der italienischen Nachsilbe -one: Der Maler Giorgione wäre also im Schwäbischen ein Mordsschorsch. Ein Mordsmensch ist ein Trumm von einem Weib mit einem Mordsherz (Herz = Busen). Es gibt Landsleute, die mordsfromm sind. Ein Mordsdackel ist ein Simpel, dessen Simpelhaftigkeit Eindruck macht.

Mordsdromm

Das Trumm ist das Ende eines Gegenstands, der in der Länge geteilt wird, also einer Wurst oder eines Fadens. Mit Trumm bezeichnet man auch einen unbehauenen Holzklotz, übertragen einen großen oder dicken Menschen. Die Vorsilbe Mords- forciert: Mordslomp, Mordsschlaule, Mordssempel. Ein Mordsdromm ist ein Mensch, der entweder durch seine Größe oder durch seinen Umfang auffällt. Mehrzahl von Trumm = Trümmer, die jedoch in diesem Zusammenhang mit den Trümmern, die der Krieg hinterlassen hat, nichts zu tun haben.

Mordslomp

Der Lomp ist gleich dem hochsprachlichen Lump ein Nichtsnutz, ein Tagedieb, ein Säufer und Verschwender. Vor dem Ersten Weltkrieg gehörte im Ländle nicht viel dazu, um als Lomp gebrandmarkt zu werden – ein uneheliches Kind genügte, um nur ein Beispiel anzuführen. Schwarze Schafe in der Familie wurden gern nach Amerika abgeschoben. Als aber nach dem letzten Krieg aus Schwaben stammende Amerikaner ihre schwäbischen Verwandten mit Carepaketen versorgten, jammerte eine Landsmännin: »O wenn i no au amôl so a Kärpaket kriage dät. Aber dô isch koi Drôdenke – mir hent halt no nia en Lompa en dr Familie ghet!« Mordsmäßig = gewaltig. Ein Mordslomp ist also ein Lump von besonderer Bedeutung, von besonders lumpigem Ausmaß.

Mordsschlaule

Schlaule ist ein Ausdruck aus der schwäbischen Kindersprache für Ente und Gans. Erwachsene Schwaben verstehen unter einem Schlaule einen schlauen Menschen, der indes nicht so schlau ist, daß man ihm nicht auf die Schliche käme. Also nennt ein noch Schlauerer einen Schlauen einen Schlaule. Ein Mordsschlaule kommt sich selbst mordsmäßig schlau vor, was nicht ausschließt, daß man ihn durchschaut.

Moschtloch

Das ist nicht etwa einer, der viel Most trinkt. Moscht ist nicht nur das gelbe Getränk, Moscht ist auch dummes Geschwätz, Saich (gleichfalls doppelbedeutig und gleichfarbig), Hafekäs. In der Saulgauer Gegend bezeichnet man einen schmutzigen Menschen mit dem Ausdruck Moschtloch.

Mucker

Heimlichtuer, Scheinheiliger, Heuchler, der das Geschlechtliche verdrängt, sich aber innerlich ständig damit beschäftigt. Der Mucker tritt häufig im schwarzen Fräckle des Moralisten auf. Aus der einstmals gesunden zweiten Reformation des schwäbischen Pietismus gedieh als Nebenprodukt das Muckertum, das mangels natürlicher Wollust die Wollust der moralischen Entrüstung (nach H. G. Wells »Neid mit Heiligenschein«) genießt. Der schwäbische Mucker sah schon im Theater eine Sünde. Als Karl Gerok (1815–1890) Hofprediger wurde, getraute er sich nicht mehr in die Stuttgarter Oper, die er vorher gern besucht hatte. Er ging von da an hehlinge in die Münchner Oper, um seinen muckerischen Brüdern im HErrn keinen Anlaß zum Ärgernis zu geben.

Muffel

Muffel = Maul als Schimpfwort für ein altes zänkisches Weib. Die Verkleinerungsform Muffele wird liebevoll auf einen ungeschickten Menschen niederen Lebensalters angewendet. Wohl verwandt mit dem französischen mufle = Schnauze. Muffele bedeutet auch modrig, nach beginnender Fäulnis riechen (Fleisch, Leichen, ungelüftete Zimmer). Der Iltis heißt wegen seines strengen Geruchs Muffer; die Zigarre heißt Muffnagel. Sebastian Sailer (1714–1777) erzählt von »muffenden Rülpsern«: dem Mund entfahrende Winde, die gleich denen vom entgegengesetzten Ende ein Gschmäckle haben. Für Mief und Muff hat der Schwabe die eigene Verb-Endung -ele: Es saichelet, es tranelet (riecht nach Tran), es schmergelet (riecht nach ranzigem Schmalz).

Muggaschnapper

Die Mugg = Mücke sticht im Schwäbischen nicht. Mit Mugg bezeichnet man die gemeine Stubenfliege, musca domestica, die ebenso unnütz wie lästig (muggafrech) und unbedeutend ist. Der Muckenschwab ist der unflätigste unter den Sieben Schwaben. »I ben a Muggaschwob und scheiß älle andere a«, sagt er bei Sebastian Sailer (1714–1777). Einen Mißlaunigen »scheniert d'Mugg an dr Wand«. Der Muggaschnapper ist in der Geislinger Gegend zu Hause, wo man einen Kleinigkeitskrämer damit bezeichnet. Den Necknamen Muggaschnapper müssen sich auch die Einwohner von Motzingen bei Herrenberg gefallen lassen.

Muggaseckel

Der Seckel oder Säckel (von Sack) ist ursprünglich ein Beutel, speziell der Geldbeutel, aber auch der Bauch und schließlich das, was daran hängt. Die Seckelbüchs ist die weibliche Ergänzung dazu. »Sie schlauch ich, bis Ihnen der Säckel tropft!« drohte mein Unteroffizier von der Schwäbischen Alb. In Stuttgart ist das Wort ein ordinäres Schimpfwort, während in Pforzheim die Bezeichnung »rechter Seckel« als freundschaftliche Anerkennung aufgefaßt wird. Der Muggaseckel ist das Zeugungsglied einer Fliege, also etwas verschwindend Kleines, Unbedeutendes, etwas, das keinerlei Beachtung verdient, von dem keine Leistung auf irgendeinem Gebiet zu erwarten ist. »A Muggaseckele hôt no gfehlt« heißt: Wenn der Spieler den Ball um eine Winzigkeit nach links geköpft hätte, hätte er statt der Latte ins Tor getroffen.

Muggazähler

Eine Mugg, wie im Schwäbischen die Stubenfliege heißt, war früher in ländlichen Stuben ebenso lästig wie zahlreich. Wer Muggen zählt, ist ein genauer Mensch. Ein Muggazähler ist darüber hinaus aber auch einer, der anderen alles mißgönnt, also ein Griffelschpitzer und Neidhammel in einem.

Muschter

Ein dummes, faules, liederliches Weibsbild. Ironisch von Muster = als Probe dienendes Stück, »Muster ohne Wert«. Heute mehr tadelnd als verächtlich angewendet.

Narrabartle

Bartle ist die schwäbische Kurzform des Vornamens Bartholomäus, dessen Namenstag am 24. August Lokaltermin für viele Bauernregeln ist. Woher die Redensart »Der weiß, wo dr Bartel da Moscht holt« kommt, ist ungewiß. Bartle bezeichnet als Schimpfwort einen ungeschickten, schlampigen, einfältigen, aber gutmütigen Menschen. Der Narrabartle ist der Bruder des Narrakaschpers: ein närrischer Kerle.

Narrare

Der Narr ist im Schwäbischen gleichbedeutend wie in der Hochsprache, wird aber häufiger gebraucht, sogar als Einleitung einer Anrede. In diesem Fall hat das Wort eher eine vertrauliche als eine herabsetzende Bedeutung; so benützt es auch Landsmann Schiller im »Fiesko« und in den »Räubern«. Ist der Schwabe narret, so ist er nicht närrisch, sondern aufgebracht, zornig. »Mach mi jô net narret!« oder »No nix Narrets!« Der Narrare ist ein amtlich beglaubigter Narr, wohl dem Secretare und dem Notare nachgebildet. In der Laupheimer Gegend gibt es auch das Tätigkeitswort narrare, das nichts mit dem gleichlautenden lateinischen Verbum (= erzählen) zu tun hat. Es bedeutet soviel wie Liebeständeleien betreiben, poussieren.

Neidkraga

Der Kraga ist der Hals: »oim da Kraga romdrehe«. Aber auch ein habgieriger Mensch, ein Geizkragen, wird schlicht mit Kraga bezeichnet. Das Tätigkeitswort krägle bedeutet: den Hals verdrehen, kokettieren, aber auch schreien. Der Neidkraga ist ein neidischer Mensch. Er erscheint literarisch bei Hermann Kurz (1813–1873) als »der gelbe Neidkragen«.

Nonsnons

Das Wort nichts muß sich im schwäbischen Dialekt viele Variationen gefallen lassen: nit – nait – nents – noets – naits – nuits – niats – nex – nix – nons. Der Nonsnons, auf der Schwäbischen Alb beheimatet, ist wörtlich ein Nichtsnichts, also etwas ganz und gar Nichtsnützziges.

Notele

Der Notel ist ein unruhiger und ungemütlicher Mensch, dem es immer pressiert; der Notele ist ein Treiber, ein Dränger; das Notele ein kleines jähzorniges Kind. »Dem notelets« kann heißen: Der hat es eilig, oder: Der hat einen harten Stuhlgang, oder: Der verspürt einen starken Harndrang. Eine nötelige Person ist aufgeregt, ungemütlich. Sie nötelet.

Oartloib

Ein besonders bildhaftes Schimpfwort. Oart kommt vom mittelhochdeutschen ort (Grenze), gleichbedeutend und gleich ausgesprochen wie das englische out. Es handelt sich also um einen Brotlaib, der nicht »in« ist, der im Backofen außen liegt, an der gemauerten Wand des Backofens, der nicht wohlgeraten,

sondern an einer Seite flach ist und vielleicht nicht richtig durchgebacken. Der Oartloib ist »net recht bacha«, also ein vergratener Außenseiter, der zum Ausschuß (= mangelhafte Ware) gehört.

Oberdibbel

Ist die gehobene Form des Düppels oder Duppels. Ursprünglich Bezeichnung für die Drehkrankheit der Schafe, im Hohn auf Menschen übertragen. »Einem den Düppel bohren« heißt: ihn zu Verstand bringen. Dibbel ist, ähnlich wie Dackel, mal mehr, mal weniger beleidigend, wohingegen es der Oberdibbel in der Dibbelhaftigkeit schon zu etwas gebracht, also die höhere Laufbahn mit Pensionsberechtigung eingeschlagen hat.

In der schleswig-holsteinischen Landeshauptstadt gibt es eine Düppelstraße, und dort wurde ein seit langem etabliertes Künstlerlokal im Dezember 1985 als »Erste schwäbische Künstlerkneipe« auf den Namen »Thaddäus Troll« getauft. Selbstverständlich gibt es dort schwäbische Spezialitäten und Weine, »für die der Wirt die Hand ins Feuer legt«.

Palmesel

Weit über das schwäbische Sprachgebiet hinaus gebräuchliches Neckwort, auf den Palmsonntag spezialisiert. Der Palmesel war der Esel, auf dem Jesus am Palmsonntag in Jerusalem einritt. Häufig wurde er als Holzfigur in Prozessionen mitgeführt. Die Veringenstädter haben den Spitznamen Palmesel, weil sie einmal in einer solchen Prozession einen lebenden Esel auf dem Wagen gefahren hatten, dem das gar nicht behagte. In der »Zim-

merschen Chronik« wird das Wort Palmesel merkwürdigerweise auf ein liederliches Frauenzimmer angewandt. Bei uns zu Hause war der ein Palmesel, der am Palmsonntag als letzter aufstand.

Pfengschtdreckeler

Aus dem Wort Pfingsten wurde im Schwäbischen ein Verbum abgeleitet: Es pfengschtelet mir = ich ahne Unheil, fühle mich nicht wohl. Der fleißige Bibelleser hat dies aus der Apostelgeschichte entnommen, wo die Apostel angesichts des Pfingstwunders »sich alle entsetzten«. Pfingstdreck heißt der Hirt, der als letzter an Pfingsten die Herde auf die Weide treibt, ebenso der, der beim Pfingstreiten letzter wird; man wirft ihn beim Heimritt in den Dorfbrunnen. Der Pfengschtdreckeler ist analog dem Palmesel, der Maiengôs und dem Märzakalb derjenige, der am Pfingstmorgen als letzter aufsteht.

Pfennigschpalter

Jemand, der so geizig ist, daß er die kleinste Münze, den Pfennig, noch zu spalten trachtet, wenn er bezahlen soll. Mein Freund Erich Beurer (1917–1974), Inhaber der Dornschen Buchhandlung in Ravensburg, sagte von einem Pfennigschpalter: »Der isch so p'häb, wenn mer dem a Fenfmarkschtick zwische d'Arschbacke klemmt, nô verliert's d'Prägong.« (Siehe auch Knauzer.)

Pflentschlere

Die Pflentschlere ist ein blödes, weinerliches Weibsbild aus der Ulmer Gegend. Pflenzlich bedeutet soviel wie wehleidig, kränklich. Die Pfluntsch ist ein dickes Weib.

Pflôtschgrender

Wer sich faul hinlümmelt, im Sitzen oder im Liegen, der pfloatscht. Grind ist eine derbe Bezeichnung für den Kopf, den Möckel. Der Pflôtschgrender ist ein Mann mit großem, dickem Kopf.

Plärrer

Plärrer heißt ein großer Platz in Nürnberg, dessen sprachliche Herkunft mir unbekannt ist. Laut weinen heißt im Schwäbischen plärre (sicher verwandt mit dem französischen pleurer = weinen). Der schwäbische Plärrer bezeichnet einen Schreihals. Die Plärre ist eine aus Weidenrohr gefertigte Schalmei. Auch der Plärrochs und die Plärratz sind verwandte Begriffe aus dem schwäbischen Schimpfwörtersammelsurium.

Ploantsch

Die Urform der Ploantsch ist die Pfluntsch, ein dickes, schwerfälliges, faules, unansehnliches Weibsbild, verwandt mit der Pflentschlere, dem Pfloatzarsch, der Pflatsche.

Plonder

In der Oberndorfer Gegend Bezeichnung für ein derbes und kräftiges Weibsbild.

Poussierschtengel

Einer Person den Hof machen, das ist poussieren. Das französische pousser heißt treiben, stoßen und ist wahrscheinlich in der napoleonischen Zeit in unseren Sprachschatz eingesickert. In einem alten Lexikon findet sich die passende Übersetzung: pousser = »den Hof machen, jemanden mit dem Ellbogen anstoßen, winken mit den Äugelein, treten mit dem Fuß«.
Ein Poussierhengst ist ein Jäger, der sich auf die Jagd nach Schürzen beschränkt. Unter einem Poussierschtengel verstand man vor vierzig Jahren am Gymnasium Cannstatt dasselbe. Fischers »Schwäbisches Wörterbuch« behauptet dagegen, es sei ein »leichtfertiges Mädchen«, also ein Mädle, das »burschelet«.

Putznärre

Putzig ist die Schwäbin, die erst ihr Heim, dann sich selber putzt. Wie jene Landsmännin, die ihr leergeräumtes Haus erst auf den Knien aufschrubbte; dann die Böden in den Zimmern aufwusch, spänte, wachste und blockte; das Treppengeländer abwusch und schließlich noch den Plafond (die Zimmerdecke) mit einem Fledrawisch abstaubte. Warum? Weil am anderen Tag der Bagger kam und das Haus abriß. (Das ist tatsächlich so geschehen!) Die Dame, die solches tat – »Was dädet sonscht dia Männer von mir denka?« –, ist das Musterbeispiel einer Putz-

närre, die wie narret (= verrückt, aber auch wütend) putzt. Das schwäbische Klima entwickelt gelegentlich auch eine Reigschmeckte zu einer Putznärre.

Quadratlatsche

Ein Latsche ist ein träg daherschlurfender, verlotterter Mann, der die Füße nicht hebt. Die Vorsilbe Quadrat- stammt aus der Schülersprache, aus der Mathematikstunde; Quadrat potenziert, verstärkt. Der Quadratlatsche ist exakt mathematisch ein mit einem Latsche multiplizierter Latsche, dessen Ergebnis ein besonders täppischer, ungeschickter, vernachlässigter Blödian ist. Ein Wort, das viel weniger bös klingt, als es exakt bedeutet, und sich daher besonders gut für Beschimpfungen eignet.

Quartallomp

Das Quartal ist ein Vierteljahr. Der Quartallomp ist abgeleitet vom Quartalsäufer, der im Gegensatz zum permanenten Säufer nur anfallsweise, nur jedes Vierteljahr bodenlosem Saufen verfällt. Der Quartallomp ist aber ein linguistischer Irrtum, keinesfalls ein zeitweiliger, sondern ein besonders lumpiger Lump, also eher ein Quadratlomp.

Rätsch

An der oberen Donau Kurzform für Konrad. Rätsch ist auch ein häufig gebrauchter Name für Ochsen. Als Schimpfwort aber von der Wengertersrätsche abgeleitet, jenem knarrenden Instrument, mit dem früher der Wengertschütz die Staren aus den Weinbergen verjagte. Carl Orff (1895–1982) hat die Rätsche in sein Orchester aufgenommen. »Mit deim Maul könnt mer a Rätsch verschpare.« Das Verbum rätsche bedeutet mit knarrender, krächzender Stimme viel und laut reden. Frösche rätschen. Die Rätsch ist eine Weibsperson, die viel und laut redet. Die Abart Ratschel wird auf eine Schwätzerin angewendet.

Raffel

Raffel oder Reff (siehe dort) sind Bezeichnungen für kamm- oder rechenartige Gebilde (Hecheln) zum Beispiel zum Abstreifen von Heidelbeeren. Die Raffel oder das Reff bezeichnen aber auch das Mundwerk: »Halt dei Raffel!« Ein zänkisches und böses, zuweilen auch ein geschwätziges Weib bezeichnet man mit Raffel.

Ragalluader

Zorniges, böses Weib. Ragalle bedeutet soviel wie schimpfen, schreien; wer ragallisch ist, gebärdet sich wild, zornig, widerwärtig. Das Ragalluader ist ein Mitbringsel fremder Soldateska: Es wird abgeleitet vom französischen racaille = Abschaum, Pack, Gesindel.

Rammler

Hasen oder Kater im Vollbesitz ihrer männlichen Kräfte heißen Rammler. Der Rammelmonat ist der Brunstmonat. Aber das Rammeln findet nicht nur sexuell statt, man versteht darunter schon eine harmlose Balgerei. Rammler ist ein Ausdruck für einen rauflustigen Burschen.

Rappelkopf

Rappeln bedeutete ursprünglich soviel wie lärmen, aber auch aufgeregt, verrückt sein. Wer rappelt, ist unangenehm aufgeregt, so verrückt, daß man ihn gerade noch frei herumlaufen läßt. Der Rappelkopf ist ein rappeliger, aufgeregter Mensch.

Rappelmaier

Hat einer einen Rappel, so ist das ein vorübergehender anomaler Geisteszustand. Der Betroffene ist hochgradig aufgeregt, im Augenblick nicht zurechnungsfähig. »Hebet me – i vergeß me!«: Damit pflegt der schwäbische Choleriker die Verantwortung für seinen Rappel auf die Umwelt abzuwälzen. Ein Rappelmaier ist einer, der häufig rappelig ist.

Rauhbausch

Gleichbedeutend mit Rauhbauz: Bezeichnung für einen raupeligen (rauhen, unebenen), also groben, barschen und unfreundlichen Menschen.

Raup

Mit dem Ausdruck Raup bezeichnet der Bauer ein junges Rind. Auf Menschen übertragen: Stoffel, Aufschneider, Schreier. Wird als Spottname für die Einwohner von Dünningen bei Rottweil angewendet. Später spezialisiert auf die Weingärtner, schließlich beschränkt auf die Tübinger Wengerter, die Gôgen. Während Gôg aber ein starkes Schimpfwort war, auf das die Wengerter handgreiflich reagierten, nannten sie sich selbst gelegentlich Raupen.

Reff

Reff ist ursprünglich das rechenartige Gestell auf der Sense. Auch Zinken und Balken eines Holzrechens werden so bezeichnet. Das Wort ist aus dem Verbum raffen hergeleitet. Auch das Gatter vor dem Mühlrad, das verhindert, daß vom Bach mitgeführter Unrat ins Rad kommt, heißt Reff. Übertragen wird der Begriff auf ein vorstehendes Gebiß, schließlich auf ein ungutes und klatschhaftes altes Weib mit Haaren auf den Zähnen angewendet.

Ripp

»Eva ist das erste Ripp.« Das Ripp – merkwürdigerweise ist der nur auf Weibsleute angewendete Begriff sächlich – ist ein besonders widerwärtiges Nachfolgestück aus Adams Rippe. Es keift und zerft und tratscht und batscht und ist eher ein Ripp vom Teufel als vom Menschen.

Röhrle

Man bezeichnet damit einen pfiffigen, durchtriebenen Menschen. Der Begriff ist abgeleitet von jenem Gottlieb Rohr aus Neuenhaus, der sich in der Armee Napoleons ausgezeichnet hatte und den der Kaiser deshalb aufforderte, sich eine Gnade zu erbitten. Er brauche keine Gnade, er habe nur seine Schuldigkeit getan, entgegnete der Röhrle, worauf der Kaiser anerkennend gesagt haben soll: »Röhrle, er ist ein Herrgottssakermenter!« Berthold Auerbach hat ein Gedicht, der aus dem Badischen stammende Friedrich Gessler ein Epos daraus gemacht, ein Musterbeispiel, wie die Ausgebeuteten den Ausbeutern das Geschäft erleichtern, denn die Landesherren ließen sich die für fremde Kriegsdienste verkauften Landeskinder teuer bezahlen. In meinen Augen war also der Röhrle kein Herrgottssakermenter, sondern eher ein Arschkipf.

Rotzaff

Rotz ist flüssiger Nasenschleim. Er galt früher als reinigende Absonderung des Gehirns. Von einem, dem das Glück in den Schoß fällt, sagt man auf gut schwäbisch: »Dem lauft dr Rotz d'Nas nauf, sogar zwoigleisig.« Die Vorsilbe Rotz- (Rotzbua, Rotznas, Rotzlöffel) wird besonders gern von älteren Leuten auf Kinder und junge Leute angewendet und von alten Krachern auf rebellische Schüler und Studenten. Der Allgäuer Volksmund urteilt geradezu weise: »Rotzige Buabe gibt gscheite Manne.« Der Aff ist das Symbol der Eitelkeit und des Vorwitzes. Ein Rotzaff ist ein junges, schnippisches Ding, das sich gern hübsch macht und mit seiner Meinung nicht hinter dem Berg hält.

Rotzer

Rotz galt ehedem (siehe Rotzaff) als Reinigungssaft, als Absonderung aus dem Gehirn, und erfreute sich eines gewissen Ansehens ob dieser edlen Herkunft. Deshalb ist »Rotz an da Backa schmiere« nichts Beleidigendes; im Gegenteil, es ist ein bildhafter Ausdruck für: jemandem schmeicheln. Dagegen wendet man Ausdrücke wie Rotzer, Rotzaff oder Rotznas auf junge Menschen an, die noch nicht trocken hinter den Ohren sind, die den Gebrauch eines Sacktuchs noch nicht gelernt haben. Der Ausdruck beweist, wie früher die Jugend als unreif, als minderwertig gescholten wurde. Inzwischen hat sie den Stiel umgedreht und erklärt die Alten für uneinsichtig und daher minderwertig.

Rotznas

Die Rotznas ist ein Kind, das den Wert des Naseputzens noch nicht erkannt hat; ihm hängt häufig eine Rotzglock herunter. Dem Manne dient der Bart als Rotzbremse. »Junge Rotznas!« ist ein Vorwurf älterer, autoritär gesinnter Landsleute gegen

Jugendliche, die es wagen, eine eigene Meinung zu haben und diese auch noch offen zu äußern.

Ruaschtel

Der Ruaschtel ist ein unordentlicher Mensch, die Ruaschtel ein häßliches, schlampiges Weibsbild. »Was ist der Unterschied zwischen einer Stuttgarterin und einer Düsseldorferin? Wenn eine Düsseldorferin Halsweh hat und sich einen Schal umbindet, sieht es schick aus. Wenn eine Stuttgarterin einen Schal umbindet, um schick auszusehen, meint man, sie habe Halsweh.« Ich protestiere gegen einen solchen Vergleich, den mir ein sicher jenseitsmainiger Leser angeboten hat. Ich glaube vielmehr, daß es sowohl in Stuttgart wie in Düsseldorf sottiche und sottiche gibt. Und eine Düsseldorfer Ruschel und eine Stuttgarter Ruaschtel unterscheiden sich wohl nur durch den Dialekt, weniger durch den Schal.

Saichbletz

Ein Bletz ist ein Stück Stoff, das beim Kleidernähen übrigbleibt und von der sparsamen schwäbischen Hausfrau aufgehoben wird zum späteren Ausbessern des Gewands. Ich solle mir »d'Bletz abscheema«, befahl meine Mutter, wenn ich als Kind etwas angestellt hatte. Der Saichbletz wird dem Bettnässer auf einer Gummiunterlage ins Bett gelegt. In übertragenem Sinn wird das Wort auf den Bettnässer selbst angewendet.

Saichkachel

Kachel vom lateinischen cacabus, ursprünglich irdener Kochtopf, dann auch Nachttopf. Was bei der Frau Herr Dekan der Potschamber (aus dem französischen pot de chambre) hieß, war bei der Kauderers Karlene in der Tübinger Unterstadt die Saichkachel. Eine alte Kachel ist ein altes, dummes Weib; der Kächelesmô ist ein kränklicher Mann, dessen Diät in einem Extrakächele zubereitet wird. Wenn das Essen den Geschmack des Gefäßes angenommen hat, dann kächelet es. Eine Saichkachel ist ein unreinliches, übelriechendes, keinesfalls begehrenswertes Weibsbild ziemlich abgelegenen Geburtsjahrgangs.

Salatschneck

Ursprünglich eine Schnecke, die die jungen Salatpflanzen frißt. Auf eine Person übertragen verächtlich gemeint. Die genaue Bedeutung dieses Schimpfworts ist mir unbekannt. Eine Salatmotter ist ein schläfriger, gleichgültiger Mensch. Eine Salatgumpe ist eine Salatschüssel. Ein Tübinger Geizhals, gefragt, was er seiner Frau vererbe, sagte: »Dia kriagt amol meine Arschbacka als Salatgomp.«

Sappermenter

Abwandlung, Verharmlosung des derben Fluchs »Sakerment!«. Der Sappermenter inkludiert Anerkennung. Man könnte ihn mit Teufelskerle übersetzen.

Saubagasch

Sammelbegriff für unsympathische Gesellschaft, oft auf die Verwandtschaft angewandt. Aus dem französischen bagage übertragen auf Pack. Die Vorsilbe Sau- ist eine schwäbische Steigerungsform (Saudackel, Sausuckel, Saumenschle).

Saubauer

Bauer ist die Bezeichnung für einen Menschen, der Höflichkeit, Freundlichkeit und Manieren nicht mit Löffeln gefressen hat. Sau- hat in diesem Fall nichts mit der Schweinezucht zu tun, sondern verstärkt die Rüpelhaftigkeit: Ein Saubauer ist ein Mann mit besonders derben Manieren. »Kennet Sia sich net wenigschtens entschuldige, wenn Sie oim uff de Fiaß romdappet?« »Ha – hent Sia denn net g'hört, daß i ›Hoppla!‹ gsagt han?« Die Bezeichnung Saubauer kann man noch hinnehmen. Weit beleidigender ist der Begriff Baurasau.

Sauberer Bruader

Bruder bedeutet oft auch soviel wie Geselle. Sauber ist im Schwäbischen = hübsch, ein Wort, das der Schwabe nicht kennt, weil es von höfisch abgeleitet ist. »A saubers Mädle« ist also kein reinliches, gewaschenes, sondern ein wohlgestaltes Mädle. »Du bisch a sauberer Bruader!« – das ist eine ironische Feststellung und Anrede an einen Menschen, der unsaubere Geschäfte macht. Ehrlicher ist der gleichbedeutende Ausdruck Mordslomp.

Saubschteck

Besteck hieß ursprünglich das am Gürtel getragene Futteral für das »Beigesteckte«, für Messer und Gabel. Dieses Besteck war meist reich bestickt. Später wurde der Begriff auf Messer, Gabel, Löffel übertragen, noch später im Schwäbischen auf ein häßliches Weib, als Kollektivbezeichnung auf Lumpenpack. Das Wort hat sich ähnlich entwickelt wie Gruscht, ursprünglich »das Gerüstete«, heute nur noch für Plunder gebraucht. Saubschteck ist ein Sammelbegriff für besonders liederliches Lumpenpack, für die schlimmste Sorte von Bagasch. Meist wird der Begriff Bschteck auf ein Paar oder auf eine Familie angewendet, was sprachlogisch zusammengehört wie Messer und Gabel.

Saugschmoiß

Geschmeiß ist ursprünglich eine Bezeichnung für die Exkremente der Vögel, auch für Maden von Insekten im Fleisch, weiter für Ungeziefer. Mit Gschmoiß wird alles Gesindel bezeichnet. Auch die Schmarotzer am Hof Eberhard Ludwigs (1676–1733) nannte das Volk so. Gschmoiß also = schmarotzendes Lumpengesindel. Das Wort Sau ist in diesem Fall keine Befehlsform (Sau! von sauen = rennen), sondern eine verstärkende Vorsilbe (wie in Sauwetter). Saugschmoiß ist also ein besonders übles Lumpengesindel.

Saulatsche

Der Latsche ist ein Schlurger oder Schlurfer, einer, der die Füße nicht hebt, ein einfältiger Tölpel. Die Vorsilbe Sau- hat hier wieder wenig Schweinisches an sich, sie steigert nur: Sauglatt bedeutet soviel wie sehr komisch; es gibt im Schwäbischen sogar saumäßig nette Mädla. Ein Saulatsche ist ein Latsche, der es in der Tölpelhaftigkeit zu etwas gebracht hat.

Saumensch

Das Mensch ist keineswegs sächlich, sondern eindeutig weiblich und moralisch nicht standfest, so daß es mancher Versuchung erliegt. Das Saumensch ist dabei bar aller Hemmungen.

Saunabel

Metzgerausdruck für die Partie um die Harnröhre des kastrierten männlichen Schweins. Dem Saunabel wird heilende Wirkung zugeschrieben. Früher benutzte man ihn auch zum Schmieren von Sägen. Er zeichnet sich durch ein kräftiges Geschmäckle aus, daher die Redensart: »Der schtenkt wia a Saunabel.« Der Saunabel ist ein Schweinekerl, ein Saukerle, in manchen Gegenden auch bloß ein gefräßiger Mensch.

Sauriebeleskopf

Hier taucht wieder die Sau- als verstärkende Vorsilbe auf. Der Riebel ist der letzte Rest eines Brotlaibs, den niemand mehr essen will, im Gegensatz zum Knäusle, dem frischen, knusprigen Anschnitt. Riebele entstehen aus Teig, der auf dem Reibeisen gerieben wird: der wichtigste Bestandteil der schwäbischen Riebelessuppe. Mit Riebelesgrind oder Riebeleskopf wird ein Dickkopf bezeichnet. Der Sauriebeleskopf ist ein besonders hartnäckiger, unbelehrbarer, halsstarriger Dickschädel.

Schadull

Die Schatulle ist die feinere Form der Schachtel; sie dient vor allem als Behälter für Geld und Wertsachen. Das Wort kommt aus dem Mönchslatein: scatula. Schadullbrüh ist dünner Kaffee, wie ihn leibarme alte Damen, Schachteln oder Schatullen zubereiten. Die Schadull ist eine feinere Form der alten Schachtel.

Schapf

Ursprünglich Schöpfgefäß mit Stiel, mit dem man, daher der Name, vor allem Jauche, Lache, Gülle schöpfte. »Puh, wie das stinkt!« sagte die Frau eines Professors, als es in Tübingen noch keine Kanalisation gab und der Gôg mit der Schapf die Abortgrube leerte. »Jô, d' Professore scheißet ebe au koine Veigele (Veilchen)«, gab der Gôg zur Antwort und bewies, daß es schon in den zwanziger Jahren in Tübingen antiautoritäre Gesinnung gab. »A Schäpfle mache« bedeutet: den Unterkiefer hängen lassen. Schapf ist also auch ein entstellter Mund, eine alte Schapf ein unansehnliches, unappetitliches Weibsbild.

Schardeeg

Ursprünglich nannte man ein altes Buch verächtlich Scharteke. Das Wort stammt wohl aus dem Mönchslatein, könnte aber auch eine Verballhornung der Kartusche aus der Soldatensprache sein. Alte Schardeeg ist die Bezeichnung für ein altmodisches Frauenzimmer.

Scheißerle

»Schlaf, Mädele, schlaf, dei Vadder isch a Graf, dei Muadder isch a Kaisere, ond du a kloines Scheißerle« heißt ein Kindervers, der beweist, daß die schwäbische Gesellschaft klassenlos ist. Der Ausdruck zeigt aber auch, wie das schwäbische -le zu verzärteln vermag. Während der Scheißer verächtlich gebraucht wird und einen jungen, unordentlichen Menschen brandmarkt, ist das Scheißerle ein Kosename. Der Schwabe gibt seinen Kindern gern klangvolle Vornamen, die zuweilen mit derben Befehlen vermischt werden: »Komm rei, Aurora, du Drecksau!« Wenn aber der Herr Maier aus Oppenweiler zu seinem Enkel sagt: »Silveschter, du Scheißerle!«, so drückt diese Anrede großväterlichen Stolz und großväterliche Liebe aus.

Scheraschleifer

Wie alle Hausierer, die als Nomaden nicht nach einem eigenen Häusle streben, ist der Scherenschleifer wenig geachtet. Man belegt mit diesem Schimpfnamen einen Vagabunden, einen Feigling, einen Schwächling, einen, der es zu nichts gebracht hat. Auch Hunde ohne Rasse werden als Scherenschleifer abgetan.

Schläpple

Der Schlappa ist ein Schuh ohne Hinterkappe, ohne Hinterteil, in dem der Fuß haltlos schlappert. Die Schlappe ist ein schlampiges Weibsbild, wogegen der oder das Schläpple oder Schlappele bloß ein einfältiges Simpele bezeichnet.

Schlampanne

Ursprünglich war die Schlampe eine Schleppe, dann ein herunterhängendes Stück Tuch. Heute ist die Schlampe eine in der äußeren Erscheinung nachlässige, unordentliche, schmutzige, zerlumpte Weibsperson. Mit einem Vornamen verbunden wird die Bezeichnung weniger abwertend: der Schlampannes (von Hannes) ist der Bruder der Schlampanne (von Anna).

Schlankel

Der Schlankel (siehe auch Galankel) ist lang, unbeholfen und hat einen latschigen Gang. Seine Herkunft könnte auf den Schlackel oder Schlingel zurückzuführen sein.

Schlapper

Der Schlapp ist ein Lappen, ein Fetzen; d'Schlappa sind die Hausschuhe. Wer schlappt, tut etwas unordentlich, schlampig: Eine Flüssigkeit rasch und geräuschvoll vertilgen ist schlappere; der Hund schlappert. Der Schlapper ist ein meist jugendlicher

Kerl, der sich gehen läßt, bisweilen auch ein Vielschwätzer; er hat eine Schlappergosch (die allerdings unter Weibsleuten häufiger verbreitet ist). Die Tailfinger werden mit dem Ausdruck Schlapper bezeichnet.

Schlarb

Ursprünglich ein ausgetretener Schuh, ein Pantoffel, der hinten heruntergetreten ist, so daß man mit ihm nur noch schlurfen kann. Schlarb ist auch ein wüstes Maul, eine herunterhängende Unter- oder sogenannte Habsburgerlippe: »A Schlarb rahenke.« Schlarben ist gehen, ohne die Füße zu heben. Der Schlarb ist also ein unordentlich daherlatschender Mensch.

Schlarre

Die Schlarre ist eine nahe Verwandte des Reffs, der Raffel. Ursprünglich war Schlarre eine Bezeichnung für das Maul, die Gosch, einen häßlichen Mund. Als Schimpfwort angewendet auf ein wüstes, altes, unordentliches oder schwatzhaftes Weib.

Schmalzdackel

Der Schmalzdackel ist ein Mitglied der kinderreichen Dackelfamilie. Das Schmalz spielt in der schwäbischen Küche eine große Rolle. Der sparsame Schwabe sagt zum großzügigeren Franken: »Laß du mi meine Kiachle en deim Schmalz bache, nô derfsch du drfir dei Floisch em meim Kraut koche« (siehe auch Kraut-

bauer). Schmalz haben (Armschmalz) = Kraft haben. Im Fränkischen ist der Schmalzer das Hinterteil, im Hohenlohischen der Furz. Mit Schmalzdackel bezeichnet man einen faden, langweiligen Menschen.

Schmotzdasch

Das Wort Schmutz gibt es im Schwäbischen nicht. Es wird durch Dreck ersetzt. Dagegen ist Schmotz gleichbedeutend mit Fett, Schmiere, Schlamm, also Dingen, die die Umwelt verschmutzen. Schmotz bedeutet übertragen soviel wie Profit oder Schmiergeld; schmotze = schmieren, bestechen. Die Schmotzdasch ist die Schwester des Schmotzjockels, also ein unreinliches Weib.

Schmotzjockel

Jockel ist eine Abkürzung von Jakob. Der Jockel ist der Typ des plumpen, unbeholfenen, dummen Kerls. De Jockel mache = den Hanswurst spielen. Schmotz hießen die Arbeiter, die in Memmingen den Stadtbach ausräumten, ihr Vorarbeiter war der Oberschmotz. Ein Schmotzjockel ist ein ebenso unbeholfener wie unappetitlicher Mann.

Schnäbbäbber

Viel reden heißt schnäbbere, die Schnäbbere ist der Mund oder übertragen die Schwätzerin. Das Schnäpperle ist jedoch etwas ganz anderes, war nur kleine Buben haben. Schnäbbäbber ist eine Bezeichnung für ein nie stillstehendes Plappermaul.

Schnäpperbichs

Bichs: scherzhaft für Hinterteil, bei weiblichen Wesen auch für ein diesem benachbartes Organ. Schnäppere oder schnäpperle = viel reden. Eine Schnäpperbichs ist ein vorlautes, redseliges Mädchen. Ihr verwandt ist der männliche Schnäpperarsch.

Schnätterfiedle

Störche, Enten und Gänse schnattern oder schnätteret. Das Tätigkeitswort schnättere bedeutet, auf den Menschen übertragen, soviel wie andauernd und dumm daherschwätzen. Merkwürdigerweise wird die Tätigkeit auch auf das Hinterteil, das Fiedle, übertragen: »schnättere wie a Gôsfiedle«. Der Durchfall (das Abweichen) heißt bild- und tonhaft Lochschnättere. Mit Schnätterfiedle, Schnätterbichs oder Schnätterhex bezeichnet man eine schwatzhafte Person – wie sollte es anders sein? – weiblichen Geschlechts. Im Allgäu bezeichnet man aber strichweise auch einen Ohrenbläser, einen Zuträger, mit diesem Ausdruck.

Schnalla

Ursprünglich Metallteil zum Öffnen und Schließen eines Gürtels. Auch die Türklinke heißt schwäbisch Schnalle. Sodann der Geschlechtsteil weiblicher Säugetiere. Kann auch auf den Menschen übertragen werden, pars pro toto: Das Ganze wird nach einem in diesem Fall wichtigen Teil benannt. Eine Schnalle ist eine Hure, ihr Zuhälter ist der Schnallatreiber.

Schnapsdackel

Der Dackel hat in diesem Sammelsurium nichts mit der gleichnamigen Hunderasse zu tun, sondern stammt aus einer der beliebtesten und kinderreichsten schwäbischen Schimpfwörterfamilien. Die beleidigendste Form des Dackels ist die auf die Hälfte reduzierte: Halbdackel. Im Gegensatz zum Schnapsbruader, zur Schnapsliesel, zum Schnapslude und zur Schnapskarlene weist der Schnapsdackel nicht auf einen erhöhten Konsum von Alkohol hin. Ein Schnapsdackel ist eine eher entschuldigende, freundschaftliche Bezeichnung für einen momentan oder chronisch nicht ganz zurechnungsfähigen Menschen.

Schnapsdergel

Der Dergel, hochdeutsch Törkel, ist ein kleines Kind, das noch nicht laufen kann, das torkelt. Man bezeichnet damit ein kleines, schwächliches, zurückgebliebenes Wesen. Früher war es auf dem Land üblich, kleinen Kindern zur Beruhigung Schnaps in den Schnuller zu tun. Schnaps aber stand im Verruf, das Wachstum zu hemmen. Ein Schnapsdergel ist also ein mit Schnaps aufgezogenes oder im Rausch gezeugtes und daher mickriges Kind.

Schnatterer

Schnattere oder schnättere tun Gänse und Enten. Auf Menschen übertragen bedeutet das Zeitwort: viel, vorlaut und töricht reden, aber auch vor Frost oder vor Angst zittern. Wer unter Schüttelfrost leidet, hat einen Schnatterer. Der menschliche Schnatterer ist ein Schwätzer oder auch ein Angsthase.

Schnaudere

Eine Schnaudi oder Schnaudere ist ein keifendes Weib. Das Wort ist sowohl mit schnauben wie mit schnattern verwandt. Der Ulmer Münsterprediger Conrad Dieterich (1575–1639), dessen habfeste Predigten um 1600 auch gedruckt worden sind, spricht in einer solchen Predigt von einem »Schand- und Lästermaul, Saumaul, einer verwaschenen Schnatter, Stadtplauderin und Schnauderin«. In Ulm scheint es demnach bemerkenswerte Mitbürgerinnen gegeben zu haben.

Schneegôs

Schneegänse hießen früher die Kraniche, die baldigen Schneefall ankündigten. In der »Zimmernschen Chronik« lesen wir von einer Gräfin Berta von Aichelberg, die wohl der Bertaburg oberhalb Bad Boll ihren Namen gab. Sie ließ eine hölzerne Gans als Vogelscheuche gegen die Schneegänse schnitzen, die in Boll viel Flurschaden anrichteten. Viele hundert Jahre hielt diese hölzerne Gans die Schneegänse ab, bis ein reformierter Prädikant nach Boll kam, nach der »Zimmernschen Chronik« »ain ungeratener Bub, derselbig hat ußer seiner teufelischen bilderstürme-

rischen art die hölzin Gans nit leiden mögen«. Er forderte seine Schäflein auf, sie zu verbrennen, worauf die Schneegänse wieder die Boller Markung heimsuchten. Gertrud Beck, die mir das mitgeteilt hat, meint, das Schimpfwort Schneegôs bedeute soviel wie Vogelscheuche. Ich halte sie eher für eine aparte Abart der Bezeichnung »domme Gôs«.

Gertrud Beck – »... weiblicher Hansdampf in allen Gassen Ulms und Oberschwabens, Stadträtin, Journalistin, vertraut mit kommunalen Problemen«, so Thaddäus Troll in seinem Einführungsbeitrag zu einem Bildband über Ulm. Ein Ulmer Bürger äußerte seinen Unmut über ihren Widerstand, den sie dem Abbruch eines alten Sommerschlößchens des Ulmischen Patriziats entgegensetzte, so: »Ond dia Schneegôs will des au no retta!« In der Straßenbahn, wo sich die so Titulierte dem Lospolternden zu erkennen gab, meinte dieser beschwichtigend: »Nix für ungut, aber domma Kuah wär schlemmer!«

Schnôkeler

Ein Schnôkeler ist ein langer, schlecht gewachsener Mensch, von der mittelhochdeutschen snake = Stechmücke abgeleitet. Unter einem Schnak versteht man hier und dort noch einen hageren Menschen. Wer lang und dürr ist, ist schnakelig. Das Wort ist von den langen, dürren Beinen der Schnake abgeleitet.

Schôfbollakrämer

Schôfbolla, besser: Schôfbebbela, sind Schafkot. (Wie prätentiös dieses hochdeutsche Wort klingt!) Der Schôfbebbeleskacker ist jemand, der unter Verstopfung leidet. Er ist deshalb schlecht gelaunt, produziert nur Winzigkeiten, ist nörglerisch, genau, kleinlich. Ihm verwandt ist der Schôfbollakrämer, der entweder in Schôfbolla kramt oder mit Schôfbolla handelt. Schôfbollakrämer war merkwürdigerweise ein Spitzname für den Nachtwächter, der zum modernen Schimpfwort geworden ist: Einen geistig und körperlich trägen Zeitgenossen bezeichnet man heutzutage gesamtdeutsch als Nachtwächter.

Schparafante

Ein verschrobener, exzentrischer, überspannter Windbeutel, einer, der einen Sparren hat. Sparren ursprünglich = Dachbalken, übertragen = Macke. Einen Sparren (zuviel) haben = nicht recht gescheit sein. Wie beim Regenwurm, so ist auch beim Schparafantel der abgehackte Schwanz lebensfähig: Der Fantel ist ein halbnärrischer Bursche. Im Italienischen heißt der Piquejunge im Kartenspiel, schwäbisch Schippabua, fante di spada. Es ist leicht möglich, daß der Schparafantel davon abgeleitet und mit der Soldateska ins Ländle gekommen ist.

Schpascheißerle

Dieser Ausdruck gehört zu den derben schwäbischen Wörtern, die für den Sprachunkundigen herabsetzend klingen, aber zärtlich gemeint sind. »Dô hôsch du no auf koi Schpänle scheiße könne« heißt soviel wie: Da warst du noch ganz klein. Schpascheißerle ist ein Ausdruck für kleine Kinder, den wir in der schwäbischen Literatur schon bei Nikodemus Frischlins Bruder Jakob (1556–1621?) und später bei Michael Buck (1832–1888) finden. Der Bauer setzte nämlich seine Kinder bei größerem Notbedarf nicht aufs Häfele, sondern in die Späne.

Schpitzbiable

Der Bube hatte noch bei Schiller einen schlimmen Charakter (»Bubenstück«). Der schwäbische Begriff Bua ist nicht herabsetzend; der Vadder spricht von seinem Bua oder von seim Jonga. Der Spitzbube war von Beruf Dieb oder Gauner. Der schwäbische Schpitzbua ist viel harmloser, ein Schelm; das Schpitzbiable ist ein kleiner, sympathischer Schalk. Dreht man das Wort zum Buabaschpitzle um, so bezeichnet es das, was der Bub dem Mädele voraushat. Die badischen Schupfnudeln heißen ihrer Form und Farbe wegen so.

Schpritz

Weibsbild, das mit Kleidern Staat macht, eitel, hoffärtig und kokett, aber auch schnippisch, leichtfertig, liederlich sein kann. In Johannes Nefflens (1789–1858) »Vetter aus Schwaben« heißt eine Anrede: »O du Schpritzle, du oafältigs!«

Schtenkbock

Der Bock ist der Inbegriff der Widerborstigkeit und der Geilheit, in diesem Fall aber des schlechten Geruchs. Mit dem hat der Schwabe so seine Schwierigkeiten. Er kann nämlich nicht transitiv etwas riechen (in diesem Fall sagt er schmecken), er kann nur intransitiv nach etwas riechen. Wenn er zu einer parfümierten Dame sagt: »Du schmecksch aber fei!«, so ist damit nasales, nicht kannibalisches Wohlbehagen ausgedrückt. Da er aber ungern etwas Nettes sagt, wird er in diesem Fall sich nur zu dem flaueren Kompliment hinreißen lassen: »Du schtenksch aber jessasmäßig noch Parfihm.« Ein Schtenkbock parfümelt nicht. Im Gegenteil: Er bockelet. Die Nachsilbe -ele dient im Schwäbischen als Geruchsbezeichnung. Altes Mehl mäuchelet (riecht nach Moder); der Hosenbrunzer saichelet; Wein, der nach Korken riecht oder schmeckt, korkelet.

Schtenker

Etwas, was übel riecht: alter Tabak, überreifer Käse. Name für vielerlei Übelriechendes, auch für Tiere, zum Beispiel den Iltis. In der Kindersprache Name für die eigenen Exkremente. Schtenker aber auch = übelriechender Mensch: »Der schtenkt wia a Gmoinderatssitzong!« oder »Der schtenkt wia an Abtrittsschlauch!«. Letzteres Gerät stammt noch aus der Zeit der Schlauchartillerie, der Mannschaft des Pumpwagens, die mit Schläuchen die Abortgruben leerte. Von Reinhold Nägele (1884–1972) gibt es eine köstliche Radierung von einer solchen Brigade. Frage an einen Schtenker im Wirtshaus: »Verzeihet Se, Herr Nôchber, hent Sia en d'Hos gschissa?« »Ja, worom?«

Schtercher Denger

Das Wort Ding hat im Schwäbischen drei Geschlechter: *der* Denger, *dia* Denge, *des* Deng. *Der* ist meist ein wiaschder oder dommer Denger, *dia* Denge sagt das mehr schmollend als vorwurfsvoll. Schterrich oder schterch bedeutet soviel wie steif, störrisch. »Du schtercher Denger!« sagt eine Denge oder Dengere zu ihrem Liebsten, wenn er sich ihren Wünschen nach Amenaschlupfa widersetzt.

Schtoffel

Kurzform von Christoph. Früher auch als Ochsenname gebräuchlich. Der Schtoffel ist im Schwäbischen wie im Hochdeutschen ein unhöflicher Mensch, ein unbeholfener, unmanierlicher, grober Flegel. Ein Schtoffelstreich ist ein dummer Streich.

Schtupfelmädle

Die Stupfeln sind die Stoppeln des Getreides: Sie stupfen. Auf diesen Stupfeln findet der Markgröninger Schäferlauf statt. Stupfel heißt auch der Igel. Ein unrasierter Mann hat Stupfeln im Gesicht. Der Schwabe heiratet lieber ein Mädle, »dere ihr Sach om se rom gôht«, deren Besitz größer ist als ihr Leibesumfang. Das ist bei einem Schtupfelmädle nicht der Fall. Sie bringt nur Stupfeln, geringe Güter, mit in die Ehe.

Schussel

Von schießen abgeleitet. Unsicher, übereilt gehen heißt schußle. Ein unüberlegter, vergeßlicher Mensch ist schusselig. Der oder die Schussel ist eine fahrige, hastige Manns- oder Weibsperson.

Schwertgosch

»Dia hot a Gosch wia a Schwert«: Sie hat eine böse Gosch, die ständig das Gebot verletzt, kein falsch Zeugnis abzulegen. Die Schwertgosch, stets weiblich, ist vorlaut, unverschämt, verleumderisch.

Sembach

Ein abgeschwächter Simpel = Tölpel, kaum als Schimpfwort, eher als freundschaftliche Anrede zu werten: »Du Sembach!« Simpelig = einfältig; simpeln = dummes Zeug machen.

Sempelmaier

In der gesamten schwäbischen Literatur von Abraham a Sancta Clara bis zu Auerbach treffen wir den Simpel, abgeleitet vom lateinischen Adjektiv simplex, als einen Menschen von einfacher Geistesart, schlicht einen Tölpel. Simpelsfransen sind kurzgeschnittene, ins Gesicht hinein gekämmte Haare, die die Stirn verkleinern und mancher oder manchem ein simpelhaftes Aussehen

geben. Der Sempelmaier ist verallgemeinert, abgeschwächt; die Anrede »Du Sempelmaier!« beweist, ähnlich wie »Du Sembach!«, eine fast freundschaftliche Verbundenheit.

Semsaschprenger

Der Semsa ist das äußere und innere Fenstergesims. Der Semsakrebsler ist eine Rebe, die am Haus hinauf bis zum Fenstersims klettert (schwäbisch: krebselt). Der Wein von einer solchen Kammerz (Gesims) ist so sauer, daß man bei seinem Genuß selbst am Sims hochkrebseln möchte. Der Semsaschprenger dagegen ist ein Rappler, ein leicht erregbarer, magerer Mann, im Mund seines Weibs, wenn die aus der Gegend von Esslingen stammt. Das Wort ist aber auch im Elsässischen heimisch.

Sidelhocker

Ein Sidel ist ein Möbelstück, das als Truhe und als Bank gebraucht werden kann. Im Inventar der Fugger erscheint eine »Sidelbank«. Ein Sidelhocker ist ein Faulenzer. Bei Michael Buck (1832–1888) liest man: »Der Zidelhocker tut nix als de ganze Dag de Hond läute.«

Sidian

Dieser Ausdruck hat örtlich wechselnde Bedeutungen: elender, eitler oder rechthaberischer Mensch, Spitzbube. Michael Buck (1832–1888) benützt es anerkennend: Bei ihm ist der Sidian ein kluger Kerl. In der Gegend von Ehingen gibt es das Adverb sidianisch, das soviel wie spitzbübisch bedeutet. Fischer nimmt in seinem »Schwäbischen Wörterbuch« an, daß das Wort, weil es auch in der Gegend von Rastatt, in der Pfalz und im Elsaß heimisch ist, von dem französischen citoyen = Bürger abgeleitet ist.

Sisseler

Sissel ist im Allgäu ein Name für die Ziege. Ein Sisseler ist ein schwächliches, verweichlichtes Mannsbild, an dem ein rechtes Weibsbild nicht allzuviel Spaß hat.

Suppalalle

»Suppa fressa macht gscheite Leit«, sagt Michael Buck (1832–1888). Der Schwabe hat eine Vorliebe für Suppen, er ist ein Suppenfrieder. Der Lalle ist einfältig, dumm, zuweilen auch alt, der Suppalalle also wahrscheinlich ein zahnloser, seniler Mensch, der nur noch d' Supp schlappere kann. Er ist in der Gegend von Ulm und Kaufbeuren zu Hause.

Tranfonzel

Eine Funzel ist eine Lampe, die, da spärlich gespeist, nur trüb leuchtet. »Im Tran sein« bedeutet betrunken sein. Tran als Brennstoff für die Funzel ist noch karger als Erdöl oder Rindertalg. Die menschliche Tranfonzel ist ohne geistige Leuchtkraft.

Man bezeichnet damit einen langsamen Menschen mit geringem Reaktionsvermögen.

Trialer

Wer trialt, der sabbert. Trielen nennt man aber auch umständliches Reden. Der Sabberlatz heißt Trialer oder Trialbletz. Kinder und zahnlose Greise trielen. Unter einem Trialer versteht man einen schlaffen, unentschlossenen, langsamen und lustlosen Jammerlappen.

Trutschel

Die Trutschel oder Trotschel ist heute ein dickes, plumpes, gutmütiges Weibsbild. Der Drotsch war in älteren schwäbischen Wörterbüchern zwar auch dick, aber hübsch und liebenswert. Ein rundes, rotbackiges Mädchen ist trotschelig. Truschenelle hieß in Memmingen das Kasperletheater. Eine Trutsche ist im Oberland ein zum Weinen verzogener Mund. Christian Friedrich Daniel Schubart (1739–1791) redet in einem Brief von seiner Frau als von seiner »herzallerliebsten Trutschel«.

Vivatsfetz

»Vivat – hoch soll er leben!« wünschte man dem Landesherrn in monarchischen Zeiten. Der Fifazfetz (wie er ausgesprochen wird) ist ein gesteigerter Lump, ein großer Siach, ein besonders durchtriebener Fetz.

Vivatslomp

Der Buchstabe V wird im Schwäbischen meist wie F ausgesprochen; also: Fenedig, Fikar, Fiktor (Victor hieß bei uns zu Haus der Kuttereimer, weshalb, weiß ich nicht). Der Vivatslomp kommt wie der Vivatsfetz aus dem Lateinischen. »Noch ein Vivätle!« gab es zu Königs Zeiten. Der Vivatslomp ist ein Mordslomp, ein verschlagener Fetz, ein elender Siach. Er kann zum Vivatsbondeslomp gesteigert werden.

Waidag

Von Weh abgeleitet, eigentlich ein weher Tag. Der Wehtag ist ein starker körperlicher Schmerz; auch eine Epidemie verstand man darunter. Auf einen Menschen übertragen war der Waidag, wie er in deftiger Mundart heißt, ein Epileptiker. Schließlich wurde daraus ein nichtsnutziger, schlechter, auch bösartiger Mensch. Waidag ist fast schon eine halbe Verfluchung, die sogar noch gesteigert werden kann: »Du waidägiger Waidag!«

Walle

Der Walle ist abgeleitet von wale = wälzen, rollen. Kinder spielen, wenn sie einen Abhang hinunterrugeln, »Fäßle wale«. Der Walle ist ein dicker, zum Wale auffordernder Mensch. Man benützt das harmlose Schimpfwort auch als Bezeichnung für ein einfältiges Dommerle. Der Ausdruck kann auch Eigensinn und Unbotmäßigkeit mitmeinen. Nicht umsonst ist Walle ein beliebter Dackelname, aber auch eine Kurzform für den Vornamen Walter.

Wehond

Unser vielzitierter schwäbischer Kronzeuge Michael Buck (1832–1888) bemerkt: »Hasch du dei Wohle ghet, muasch au dei Wehle han.« So sprach man zur Tochter, die ledig am Gebären war und jammerte. Weh ist alles, was schmerzt. Der Wehond oder Waihond ist in der Herkunft, nicht aber in der Bedeutung, verwandt mit dem Waidag: einer, der den Kopf hängen läßt, ein Trauerwedel.

Wendelwäscher

Wendelwäsch sagt man zuweilen zu einer unnützen Arbeit. Wendelwäscher ist eine Bezeichnung für weichliche Männer, die sich für Weiberärbet wie Windelnwaschen hergeben. Johann Erhard Cellarius rät in seinem »Ehespiegel« (1621) der Ehefrau, »sie sol sich nit gelusten lassen, ihne (den Mann) für ihren Kuchenbuben und Windlenwäscher umbzuziehen« (siehe auch Erbsazähler). Das war vor der Emanzipation der Frauen. Einer oberschwäbischen Ehefrau wurde von einer wohlmeinenden Freundin gesteckt, sie solle aufpassen, denn die Sekretärin ihres Mannes habe auf diesen mehr als ein Auge geworfen. Die Ehefrau: »Dees dät dere so basse - so en zogene Ma!« Ob der »zogene Ma« ein Wendelwäscher war?

Wendkopf

Ein Windkopf ist ein leerer Kopf. Er wurde von Schiller in die Literatur eingeführt: »Was wohl dieser Windkopf hier an der Kunkel hat?« heißt es in »Kabale und Liebe«. Wenn der Wendkopf wenigstens närrische Ideen hätte, könnte man von ihm auf gut schwäbisch sagen: »Der hot en Furz em Hirn.«

Wendmacher

Der Orgeltreter ist ein Windmacher. Der schwäbische Wendmacher ist ein Prahlhans, ein Aufschneider. »Sie könnten vor der ganzen Stadt als Windmacher dastehen«, heißt es in Schillers »Kabale und Liebe«. Verwandt mit dem Windhund, dem Windbeutel, dem Windkopf, ist der Wendmacher auch in der Hochsprache heimisch, also kein typisch schwäbisches Gewächs.

Wiaschde Denge

Wiaschd = wüst, häßlich, das Gegenteil von sauber = hübsch. »Worom soll i a Wiaschde nemma, a Scheene frißt au net meh«, urteilt der pragmatische Schwabe bei der Brautwahl. Wiaschd bedeutet aber auch unfreundlich. Das Adjektiv braucht nicht herabsetzend zu sein, es kann auch vertraulich, schmeichelnd klingen. Das Deng ist im Schwäbischen keineswegs sächlich, ein Denger kann sogar eindeutig männlich sein; eine Denge oder Dengere ist stets weiblich. »Du wiaschde Denge!« ist keine Beschimpfung. Mit dieser Anrede kann ein Mannsbild höchst vertraulich ein Mädchen meinen, das im Augenblick, aber wirklich nur im Augenblick, nicht bereit ist, den Wunsch nach menschlichen Kontakten zu befriedigen.

Wiaschder Kerle

Wüst ist im Schwäbischen = häßlich. Wiaschd aber auch = garstig, unfreundlich. »Kerle« kann anerkennend, tadelnd, ironisch gemeint sein: »Du bisch a Kerle wia dr Teifel a Aposchtel!« »Wiaschder Kerle!« ist der schmollende Vorwurf einer netten Denge an ihren Denger, der im Augenblick nicht bereit ist, freundlich zu sein.

Wisch

Ursprünglich bestand der Wisch aus Stroh. Ein gebündelter Strohfetzen diente als Warnzeichen an verbotenen Wegen, war also ein Vorläufer unseres runden, rot umrandeten Sperrschilds für den gesamten Verkehr. Später wurde der Wisch zum Staubbesen und hatte dieselbe Funktion wie der Hudel. Das Tätigkeitswort wische bedeutet auch soviel wie sich rasch irgendwohin begeben. Wisch ist eine mehr freundliche als tadelnde Bezeichnung für eine kleine, flinke Person weiblichen Geschlechts. Ein Lauswisch ist ein unruhiges, quecksilbriges Kind. Das Wort Wischer ist fast ausgestorben. Man verstand darunter einen Verweis, eine »Zigarre«, wie man im Jargon dazu sagte. Friedrich Theodor Vischer (1807–1887) begann eine Vorlesung, nachdem er Vater geworden war, mit dem Satz: »Heute habe ich vom Ministerium einen großen Wischer und von meiner Frau einen kleinen Vischer bekommen.«

Zerfere

Zerfe oder oberschwäbisch zerfle bedeutet streiten, zanken. Es ist eine sehr irdische Angewohnheit, denn, so meint Sebastian Sailer (1714–1777): »Em himmlischa Klauschter, doa ischt koi Gedanka vo hadara, zerfle, vo balga, vo zanka.« Eine Zerfere ist ein zänkisches, streitsüchtiges Weibsbild.

Zibebedavid

Zibeben sind große Rosinen, italienisch zibibbi. Eine Zibeb nennt man ein Weibsbild, das nicht in die Gegend paßt. Der Zibebedavid ist ein weichlicher, weibischer junger Kerle.

Zipfelpeter

Das zugespitzte Ende eines Tuchs oder Sacks heißt Zipfel. Die Bettdecke hat vier Zipfel. Zipfel oder Zipfele heißt jedoch auch das Attribut, das einem männlichen Wesen eigen ist. »Dr fenfte Zipfel em Bett macht älles wieder wett«: So verspricht der Volksmund Ehefrieden, allerdings im Fränkischen, nicht bei den prüden Schwaben. Die heute fast ausgestorbene Zipfelkappe ist ein Zeichen bäuerlicher Einfalt. Der Bauer trug sie früher unter dem Hut (siehe auch Baurazipfel). Zipfelpeter ist eine freundlich-tadelnde Bezeichnung für einen Menschen, der eine kleine Dummheit gemacht hat, der nicht rasch kapiert. Verwandt mit dem Zipfelfrieder, dem Zipfelmaier, dem Zipfelhannes.

Zwetschger

Die Zwetschge ist von der pruna damascena, der Damaszener Pflaume, abgeleitet. Hat man einen Balla, so fällt einem die Aussprache des Wortes Zwetschge schwer, wo doch die Schreibweise schon nüchtern Mühe macht. Ein Schultheiß, der den Baumbestand seiner Gemeinde melden sollte, gab nur Nußbäume an. Als er deshalb gerügt wurde, verteidigte er sich mündlich: »Freilich – mir häbet nex als Zwetschgabeem – aber dr Deifel schreib Zwetschga!« Der Ausdruck Zwetschge wird zuweilen – wie Pflaume – obszön für ein weibliches Organ gebraucht. Man versteht darunter auch eine Dirne. Der Zwetschger dagegen ist ein Schimpfwort für einen kleinen Knirps.

Aus Thaddäus Trolls Zettelkasten

Über die vorstehend in Herkunft und Bedeutung erklärten 365 Schimpfwörter hinaus hat Thaddäus Troll viele weitere notiert, die ihm zu Gesicht oder zu Ohren gekommen sind. Sie sind hier alphabetisch und nach ihrer Zugehörigkeit zu einer mehr oder weniger großen Sippschaft registriert. Zarte Gemüter seien gewarnt: Anal- und erogene Zonen bleiben ebensowenig unerwähnt wie äußerst derbe Sprachschöpfungen. Als Ausgleich mögen jene Bezeichnungen dienen, die im Zustand der Verliebtheit oder in unverhohlener Bewunderung geäußert werden. Auch Spottnamen wurden ins Schimpfvokabular aufgenommen.

Die Schreibweise erhebt keinen Anspruch auf Allgemeingültigkeit. Es wurde derjenigen der Vorzug gegeben, die den Lesern der Troll-Suebica vertraut ist. Die in Klammern angegebenen Zahlen verweisen jeweils auf die Seite, auf der ein Schimpfwort erklärt wird.

Da das Schimpfen im Schwäbischen eine kreative, sprachschöpferische Tätigkeit ist und also ständig neue Schimpfwörter erfunden werden, ist die Aufzählung zwangsläufig unvollständig.

E. L.

Aas
fauls **Aas**
Dondersaas
Galge**aas** 58
Lompe**aas**
Ällerweltsglunte
Ällerweltslugabeitel
Aff
Gras**aff**
Laus**aff**
Malefiz**aff**
Rotz**aff** 135